榮格幸福語錄

人作為獨立的個體，如何在有限的生命中實現自我價值？
當生活逐漸富足，我們的幸福感還能從哪裡找到？

楊雅婷、楊雅強——著

序言

人作為獨立的個體，如何在有限的生命中實現自我價值？

當生活逐漸富足，我們的幸福感還能從哪裡找到？

帶著這兩個問題，我們一起閱讀榮格。

卡爾・古斯塔夫・榮格（Carl Gustav Jung，1875–1961）是瑞士心理學家、精神病學家，也是20世紀最有影響力的思想家之一。他曾師從弗洛伊德，後成為分析心理學（亦稱原型心理學或榮格心理學）的創立者。

榮格在學術領域涉獵頗廣，他長期浸淫於東西方哲學、神話、占星術、煉金術、文學藝術之中，以此為基礎，建立了分析心理學的理論框架。榮格在行醫之餘，也將自己的思想整理成文、結集出版，其作品涉及醫學、文學、哲學等諸多學科領域，內容豐富而深邃，後有21卷本的《榮格全集》流傳於世。榮格的思想體系和學術成果影響深遠，直至今日仍被頻繁提及，例如他提出的「人格面具」、「個體化」、「原型」、「集體無意識」等概念是心理學界和文學界的重要術語，我們所熟知的名言「性格決定命運」也是他的論斷。

本書之所以編選榮格有關幸福的語錄，源自他對現代人靈魂與精神矛盾的關注。19世紀末至20世紀初正值現代主義思潮風起雲涌之際，作為個體的人受到了前所未有的重視。形形色色的學說紛紛提出對人自身的理解，在心理學領域，最著名的是弗洛伊德的觀念，即將個體行為的驅動力歸結為性。榮格並不讚同老師的觀點，他堅持人的精神本質，並將透視人生的秘密視為自己唯一的目標，窮盡畢生精力探索相關的問題。

榮格在精神病學臨床觀察中發現，患有精神痼疾的人當中不乏一味追逐金錢、地位、權力者，他們即使達成了自己的目標，也未必會幸福，因為他們對精神生活的關注面過於狹窄，缺乏充實的生活。相較於這類人，個體化的人身心更為健康。「個體化」是分析心理學的核心概念，它是指在日常生活中，個體逐漸成形並與其他人類區分開來，這一心理整合過程標誌著個人成為一個完整的存在。個體化的途徑包括充分發展人格、培養特長等，與一般人相比，那些注重提升自身個體性的人更趨向於和諧與成熟，並能夠充分認識人類和宇宙的本質。值得注意的是，個體化並非是在宣揚個人中心主義，或是鼓動個人脫離、背棄社會，恰恰相反，個體化意味著努力完善自我，以便更好地承擔世界賦予我們的責任。正由於榮格孜孜不倦的探索，他的崇拜者甚至將他視為心靈幾近完美的神人。

今天我們從尋找幸福出發，再讀榮格，又有著特殊的意義。榮格指出，未來的幸福並不是由外界客觀環境決定的，而是取決於人內心的精神變化。在當下多元文化與價值觀的衝擊之下，我們心中的困惑、焦慮絲毫不亞於榮格所處的時代。對工作的憂慮，對疾病的恐懼，對得到認可的期待……面對工作與生活的壓力，如何在日常生活中找到幸福感？個體的價值如何在公正、自由精神的引導下實現？榮格其實早有了答案。

本書編選了榮格有關完善人格、充實人生的語錄。聆聽著這位睿智思想家的話語，我們或許能夠叩響通向美好生活的門扉。

目錄

第一章

性格心理篇

世上最難的事情是什麼？有人說，是認識自己。

我們自身充滿了謎團，卻不能將自己放在顯微鏡下細細觀察，我們唯有在生活中慢慢感悟和體會才能逐漸瞭解自己。

人的性格和心理往往最難琢磨，生活中無數大大小小的矛盾和衝突由此而生，無數人又因為自己情緒的多變而苦惱煩悶。

面對自身這麼多的未知，我們又該如何著手認識自己呢？

榮格告訴我們，不要害怕面對自己的問題，如果總是逃避，又怎能解決問題呢？

讓我們放下自己的包袱，跟隨榮格的腳步重新認識自己吧。很多時候，我們需要的祇是勇敢地邁出第一步。

認識自己的人格

人格是什麼？

人格是人的內在特性的最高實現，它是一種勇敢地面對生活的行為，是對形成個體一切因素的完全證實；是對與最自由地實現自覺相聯繫的一切生存條件的最佳適應。（《人格的發展》）

認識自己就是認識自己的人格，榮格更是將人格的培養視為我們生活的終極目標——

這表達了人類的最終目標和最強烈的願望，也就是去發展生活，使之豐富充實，這就是人格。今天，「人格培養」已經成為一種最終的教育理想。這種理想摒棄那些為這個機器時代所大量需要的標準化的「正常人」。（《人格的發展》）

我們自身充滿了矛盾，如果我們連自己都不瞭解，又怎能去調和這些矛盾呢？

我們每個人心中都有一個理想的自我，有多少次我們努力嘗試去實現這個理想的自我，卻又陷入沮喪和絕望。

其實，倘若我們認識了自己的人格，瞭解了真實的自己，就會清楚我們到底應該成為什麼樣的人，又該如何去實現這個目標。

完善自己的人格

我們想要成為更好的人，我們覺得自己還不夠完整。

完善自己的人格，就是通向完整的必經之路，但這並非一朝一夕就能完成。

人格是一粒種子，它衹有通過整個人生的漫長階段才能得以發展。人格的獲得意味著整個個體的生命得到最恰當的發展。但要想預見這一過程所需要完成的各種數不盡的事情則是不可能的。它需要整整一生的時間，包括所有社會的、生物的及精神方面的生活。（《人格的發展》）

不用因為這漫長的旅程而感到煩悶，人格的完善必定充滿痛苦，但卻同時充滿了改變和向上發展的快樂。

要想獲得長久的幸福快樂，就應該擁有一個不斷發展著的人格。如果我們將人格比作人的靈魂，一個流動著的靈魂不是比一個禁錮著的靈魂更好嗎？

認識人格面具

我們每個人都有兩面，其一就是在社會生活中表現出來的那一面，既人格面具；另一面就是真實的自我，我們本來的面目。

榮格在少年時期就意識到了自己的兩種人格。

我永遠知道，在深處某個不引人注目的地方，我其實是兩個人。一個是我父母的兒子，他在上學，不太聰明，但專心、努力，比許多同齡的孩子干淨、體面。另一個我少年老成，多疑善慮，實際上遠離塵世。（《榮格自傳》）

人格面具在我們與人交往的過程中非常重要，它保證我們可以順利融入社會生活；而真實的人格則會在不經意間影響我們的生活。二者都是需要我們關注和調整適應的。

我明白自己是值得這樣的，我是真實的自我。衹要我獨處時，我就可以進入這種狀態。我因此而看到了第二個我，第二人格的平靜和孤獨……在我的生命裡，第二人格最為重要。（《榮格自傳》）

每個人都是獨一無二的

人生在世，我們時常在生活的旋渦中迷失自己，我們時常懷疑生活的意義，我們時常對未來充滿疑慮。

唯有意識到我們每個人都是獨一無二的，我們才能看到自己的價值和生活的希望。榮格說過——

一個人在這一方面天賦獨厚，另一個卻在另一方面聰穎過人；或者根據父母和某些環境的特徵，對童年早期環境的適應不是相對地要求更多的抑制和內省，就是相對地要求更多的同情和參與。因此具有某種偏向的態度就自動地形成了，並導致了不同的類型。（《心理類型學》）

既然我們每個人都是不同的，為什麼要懷疑自己存在的價值呢？我們存在著就一定有意義，我們是不能被他人替代的。

我們每個人都是獨一無二的，那麼我們就應該發揮自己的獨特性，運用上天賦予我們的才華去努力生活。

當我們再次感到虛無迷茫，不妨想想自己的獨特，也許我們就能重新振作起來。

內向型性格

我們常常覺得一個人性格內向不是一件好事。的確，性格內向的人可能會比較缺乏社交生活，有時顯得不够積極；但內向型性格的人卻大都傾向於自我反省，並樂於獨立思考。

毫無疑問，內傾的意識也觀察外部條件，但它總是把主觀規定當作決定性的規定。因此，這種類型受到感覺和認識因素的引導，這一因素代表著把主觀意向納入感官刺激中去。（《心理類型學》）

性格內向的人倘若完全沉迷在自己的世界裡，則會越來越孤僻和冷漠，榮格從深層次向我們分析了這一現象——

自身的重要性被降低到零，而自我卻超出理性限度無限地膨脹起來。然後，主觀因素無可否認的有世界性決定意義的權力就全部集聚於自我，逐步發展成一種極端的權力要求和一種十足的、愚不可及的自我中心。（《心理類型學》）

如果你是一個性格內向的人，就不要總把自己鎖在自我的世界裡，熱情地擁抱生活吧，衹有體味各種各樣的經歷，我們的人生才能充實和精彩。

內向思維型

偏向內向思維的人並不太看重金錢、權力、地位這些外在的東西，內心世界對他們才是最重要的，因而可能給人一種冷漠的感覺。

在他自己特定的範圍內，他與同事之間的交往也常常笨拙不堪，因為他壓根就不知道如何去贏得他們的青睞，通常他衹是偏執地按照自己的意志一意孤行，讓同事們覺得他們在他的眼中多麼的微不足道，完全是多餘的。（《心理類型學》）

但如果我們深入瞭解內向思維型的人，就會發現他們普遍有著堅定的信念和對事物獨到的理解。

他周圍的人都認為他飛揚跋扈，絲毫不替別人著想。但是，人們越是瞭解他，對他的判斷就越是變得對他有利

了，他最親近的朋友都十分懂得怎樣珍惜他們之間的親密關係。（《心理類型學》）

作為一個內向思維型的人，擁有一些親密的摯友可以幫助他度過人生最難熬的階段。

內向情感型

我發現突出的內傾情感主要出現在女性當中。有個成語「靜水則深」，對於這類女性來說是相當真實的。她們大多數人都沉默寡言，難以接近，令人捉摸不透；她們常常隱蔽在一副幼稚或平庸的假面之後，她們的氣質通常是憂鬱型的。（《心理類型學》）

內向情感型的人猶如一汪平靜的湖水，那種如大浪一般熱烈的感情對這類人並不合適。

一種表面的批判似乎可能由於極度冷漠和孤獨的行為，由於否定了這種類型的所有情感而步入歧途。但是，這種觀點是相當虛假的；她的情感較為專一而不濫用，並有相當的深度。（《心理類型學》）

當我們與內向情感型的人交往時，保持一種和諧而平靜的友誼吧。不要強求對方為你做出理所應當的犧牲，這不僅不容易成功，還可能破壞雙方的友誼。

內向感覺型

內向感覺型的人容易被發生的事情牽著走，一旦這些事情超出了他所能理解和承受的範圍，就會如榮格所說的——

> 會出現一種溫和的中立態度，一點也不流露同情心，然而又不斷竭力地維持與調節。太低的被稍微提高一些，太高的又被稍微降低一點；太富激情的被潑了些冷水，奢侈縱欲的則加以限制；那些不常見的、不正規的東西被納入「正確」的程式。
>
> 毋庸置疑，這種類型已變得對社會毫無害處了，然而他自己在他的生活圈子裡卻成了痛苦的化身。如果他確實變得對社會無害了的話，那麼他就會樂於成為他人侵略和野心的犧牲品。這些人允許他人虐待自己，而通常又在最不合適的場合用加倍的固執和抵抗來進行報復。（《心理類型學》）

如果我們的生活圈子裡有內向感覺型的人，請不要因為他們表面上的軟弱而忽視和欺負他們。

其實不論對方是哪一種性格，與之友善相處都會讓雙方感到舒服和愉快。

內向直覺型

可曾注意到我們身邊那些充滿想象力的人，他們或許會顯示出一種獨特的藝術天分，偶爾還頗具神秘感，也許他們就是內向直覺型的人。

如果他是一個藝術家，他就會在他的藝術中揭示一些超凡脫俗的東西，並且這種藝術在大量彩虹色的神聖光環中既包含了有意義的東西，又包含了瑣屑無聊的東西；既包含了可愛的，也包含了怪誕的；既包含狂妄的事物，又包含崇高的東西。

如果他不是一個藝術家，通常他就是一個得不到賞識的天才，一個「投錯娘胎」的偉人，一個聰明的傻子，一個「心理小說」中的角色。（《心理類型學》）

如果你是一個內向直覺型的人，就不要浪費自己的才能，不妨嘗試將想象力用在創造性的領域。

一個聰明人與其等著別人去發現自己的才能，不如自己先行動起來，智慧的光芒永遠不會淹沒在黑暗中。

外向型性格

外向型性格的人積極關注周圍的世界，大都能和他人和睦相處，也容易受到外界的影響。

他的興趣和注意力都主要地以客觀事件和那些直接的環境為轉移。不僅人而且事物都可抓住和吸引他的興趣。因此，他的行為也受制於人物和事物的影響。它們直接地與客觀事實和客觀規定相聯繫，並且可以說在此基礎上它們能獲得徹底的解釋。（《心理類型學》）

正因為如此，一個外向型性格的人可能會因為對外部事物的興趣過於強烈而忽略了自身。

這正是他的弱點所在，因為他的類型具有一種如此強烈的外部傾向，以至於最為明顯的主觀事實，即他自己身體上的狀況也非常容易地接受並不恰當的思考……身體總

是遭受磨難，更不消說靈魂了。（《心理類型學》）

其實人生短暫，我們不僅需要關注這個世界，同時也需要善待自己。

外向思維型

外向思維型的人注重理智和客觀事實，善惡美醜對他們來說有著嚴格的區分，這是他們思維的一種固定模式。

如果他們能善加利用自己的能力，便不難做出成績。

這種類型就會在社會生活中扮演一個非常有用的角色，無論是作為一個改革者，還是一個提醒公眾注意公眾錯誤的監督者，無論是一個公共良心的淨化者，還是一個重要改革措施的鼓吹者，他都會很成功。

但是這一程式越是嚴厲，他就越會發展成為一個滿腹牢騷的人、一個老奸鉅猾的說教者、一個自以為是的批評家，他總是喜歡強迫自己和他人接受同一方案。（《心理類型學》）

如果你偏向於外向思維，就不要過分偏執和一味固執己見，有時候傾聽別人的意見同樣重要。

外向情感型

這種情感負有相當重大的責任，許多人湧進劇院、音樂廳、教堂都是由於這一情感在起作用，並且，人們還帶著經過正確調整的積極情感。（《心理類型學》）

在我們與人交往的過程中，有時候正需要這種外向情感來創造一種和諧的氛圍，總是直言不諱並非適用於所有場合。

流行生活方式的存在也歸功於這種情感，且更有價值的是它們對社會的、慈善的以及諸如此類的文化事業的全面肯定和廣泛的支持。在這些事情中，外傾情感證實它自己是一種創造性因素。假如沒有這種情感，美妙而和諧的社交性格就將是不可思議的。（《心理類型學》）

但如果完全受到外向情感的左右，便會給人留下一種沒有主見、反復無常的印象。

祇要我們不過分追尋外界的潮流，適當運用我們具有的外向情感還是會讓我們的日常生活充滿歡聲笑語的。

外向感覺型

我們總有一些朋友，缺了他們我們的生活圈子似乎略顯沉悶；他們總能在我們難過抑鬱的時候帶來歡樂，在交談時又總能妙語連珠，似乎不曾有過煩惱。這就是典型的外向感覺型的人。

他通常具有一種魅力和明快地追求歡樂的能力；有時他是一個快活的伙伴，而且經常是一個頗有功底的審美家。在前一種情況下，生活中的重大問題常以一頓豐盛的或平平淡淡的晚餐為轉移；在後一種情況下，它們都是一些極令人感興趣的問題。

但是，感覺越是居於支配地位，以致使得進行感知的主體都從感覺中消失了，那麼這種類型就會變得越不能令人滿意。他不是逐漸變成一個粗俗的尋歡作樂者，就是變成一個肆無忌憚的、詭詐的酒色之徒。（《心理類型學》）

作為一個外向感覺型的人，懂得克制自己異常重要。

生活中的幸福並非來自放縱無度，而是來自一點一滴的快樂積纍。

外向直覺型

他對那些具有遠大前景而尚處於萌芽狀態的事物具有敏銳的嗅覺。他從來不躋身於那些雖然價值有限但卻被公認為穩定的、長期建立起來的環境中；因為他的眼睛總是不斷地停留在新的可能性上，而穩定的環境具有一種迫在眉睫的令人窒息的氣氛。（《心理類型學》）

那些敢於不斷嘗試新鮮事物的人往往都是偏向外向直覺型的人，他們不願意局限在一成不變的生活狀態中。

但無休止的嘗試和體驗是不是意味著永遠也無法停下來？榮格如是說——

這種態度具有鉅大的危險性——直覺或許會極為容易地耗費他的全部生命。他耗費自己的生命而使人們和事物顯得生機勃勃，他把生命的豐富性延伸於他周圍的一切——不過，他使他人獲得了生命，而自己則消耗殆盡。（《心理類型學》）

如果你是一個外向直覺型的人，就試著偶爾放鬆一下自己吧。

生命的過程猶如呼吸，不斷努力嘗試、汲取生命的精華就像是吸氣，但我們偶爾也需要練習如何呼氣，這才是對生命的完整體驗。

知己知彼 和諧相處

生活中，有時我們似乎怎樣也無法與另一個人友好和睦地相處，好像我們和那個人生活在兩個世界裡，矛盾隨時可能產生。

這類誤解很容易發生，因為我們無法以自己的心揣度別人的心，你認為有價值的東西，別人未必認為有價值。（《心理的象徵與成功》）

為何會如此，我們看看榮格是如何解釋的吧——

明顯地，兩人的態度是否同類，會造成很大的區別。如果兩人屬於同一類型，他們可以愉快地相處一段時間，但如果其中一個是外向型，另一個是內向型，相異且矛盾的立場就會立刻引起衝突，特別是當他們沒注意到自己的人格類型，或當他們堅信自己是惟一正確無誤的類型時，衝突更容易產生。（《心理的象徵與成功》）

倘若我們能夠瞭解自己和他人的人格類型，做到知己知彼，就可以避免許多無謂的衝突和徒勞的辯解，進而與他人和諧相處。

展現真實的自己

為了給人留下深刻的印象，為了掩飾自己的缺點，我們寧願通過各種手段「偽裝」自己，也不肯展現一個真實的自己。

榮格曾對那些刻意粉飾自己嗓音的人進行了充滿意味的諷刺——

你會很驚訝有些人拼命努力，幻想發出愉悅、清新、歡迎、進取、痛快、友善、敦睦等各種聲音，但你知道這祇是掩蓋真正的事實，真實的情況恰好相反。這種矯情的聲音聽起來很令人疲倦，所以你反而渴望聽見某些粗魯、不友善、攻擊性的話語。

他們的聲音聽起來，好像蓄意借著喉頭的顫音，使全世界都忘不了他，也有些像在政治集會的場合裡演講，因此，希望每個人都能瞭解演講者非常的真誠坦率。（《東洋冥思心理學——從易經到禪》）

我們的生活中從不缺少掩飾和表演，而展現真實的自己其實才是值得讚揚和鼓勵的。

發展獨特的自我

沒有兩片樹葉是完全相同的，沒有兩個人是完全一樣的，所以每個人應該完成的事情也不會一模一樣。

想想我們的親人，想想我們親密無間的好友，即使我們與他們在性格和喜好上再相近，我們與他們做的事情也有許多不同。榮格對此曾描述過——

对某个正在发展的人投以鬼祟的眼光是无济於事的，因為我们每人都有个「自己完成」的独特职责。虽然许多人类的问题相似，但绝非相等，所有松树都非常相像，但没有一株是全然相同的，由於这些相同和相異的因素，要扼要说明个性化过程的无限变化，可说是十分困难。事实上，每个人都有些不同的事和只属於他个人的事要做。（《心理的象征与成功》）

完善自己的個性，發展獨特的自我，不要害怕與他人不同，正是因為我們每個人與別人的相異才使得我們變得不可取代。

童年影響人的一生

兒童具有意志的可塑性——通常比作軟蠟——能吸收並保持所有的印象。我們知道，兒童時期的第一個印象不可磨滅地伴隨我們整個一生，即在某些教育的影響下，也能使人的全部生活不超越這個界限。（《性與夢——無意識精神分析原理》）

如果我們擁有一個幸福的童年，那麼這種幸福感有可能伴隨我們一生。可是如果我們的童年有些不愉快的記憶又會如何呢？

在這種情況下，在教育和幼年環境的其他影響下塑造出的個性與一個人的個人生活方式之間發生衝突就不足為奇了。這是所有要求過獨立的、創造性的生活的人都必須面對的衝突。（《性與夢——無意識精神分析原理》）

雖然我們成年以後可能被迫帶著童年的心理創傷生活，但祇要我們足夠堅強，幸福依然等待著我們。

真正長大

我們總以為過了十八歲就是大人了，其實祇要看看我們的周圍，許多成年人仍舊像小孩一樣生活。

他們企圖在生活中能受到同樣友好的接待、愛護，渴望更好地自理生活。這正是他們幼小時父母使他們習慣了的。即使最聰明的病人也不可能看到，他生活中的麻煩和神經官能病自始就是因為他一直未脫開幼兒的情緒狀態。

兒童的小世界、家庭的環境，都是大世界的模型。家庭給兒童的烙印越深，當他是個成年人時，他越想在大世界中看到他昔日的小世界。（《性與夢——無意識精神分析原理》）

真正長大的人有一種完整的人格，他們已經能夠坦然地接受生活的洗禮，但成為這樣的人並不容易，正如榮格所說：

哪怕病人已經感覺到或覺察到現實和當年的區別，並且試圖盡可能使自己適應，甚或他相信自己已經能很好地適應，自信在理智上有能力把握這種狀態，但這並不能阻止他的感情遠遠落後於理智的見解。（《性與夢——無意

識精神分析原理》)

也許我們應該靜心重新認識一下自己——我們真正長大了嗎?

正視自我的心理問題

到了今天,我們可以比以前任何時候看得更清楚,威脅著我們所有人的那種災難,並非來自大自然,而是來自人類,來自那個人的和大眾的心靈。(《榮格自傳》)

每個人都有自己的心理問題,有些人已經意識到了心理活動對我們日常生活有著鉅大的影響,可是還有一些人卻忽視甚至否認心理問題的存在。榮格對我們發出了這樣的警告——

人的精神的失常就是這一危險的所在。一切取決於我們的精神是否能正常地起作用。今天,要是某些人失去了理智,氫彈就會爆炸。(《榮格自傳》)

可見心理問題不僅僅是個人的問題,還是全人類都應該重視的問題。

清醒的現代人儘管仍然頑強地執著於自我防禦，卻已經不得不承認心理的威力了。（《讓我們重返精神的家園》）

我們不能逃避那如同魔術師一般的心靈對我們的影響，不要以為我們視而不見，心理問題就不存在。

要想生活得和諧美滿，我們就需要正視自我的心理問題，及時進行心理調節，疏導那些讓我們不適的情緒，勇敢地和自己的心靈進行對話。

一個人祇有坦誠地面對自己的心靈，才能擁有一個幸福快樂的人生。

注意心理調節

當我們遇到挫折，當我們遭受打擊，當勝利的光環不再籠罩我們，我們就很可能變得沮喪氣餒、不知所措。

每個人都有心理失衡的時候，這就猶如逆水行舟，倘若我們沒有用恰當的方式進行心理調節，等待我們的結果祇能是退步和絕望。

一旦心理活動的渠道有所堵塞，心理障礙立刻就會出現，河水就會逆流而行，內心的要求就會不同於外在的要求，我們就會和自己發生衝突。（《讓我們重返精神的家園》）

很多人往往祇關注外部世界，一旦受挫，又沒有辦法改變外部世界，就會和自己較勁，最終精疲力竭。其實，正如榮格所述——

祇要一切順利，祇要我們所有的心理能量都能以適當的、調節得很好的方式得到宣泄，我們就不會受到任何來自內部的騷擾；此時就沒有任何懷疑和遊離不定來纏繞我們，而我們也就不可能與自己發生分裂和衝突。（《讓我們重返精神的家園》）

無論我們正春風得意還是愁眉不展，都應該注意調節自己的心理，不要讓自己像一條隨波逐流的小舟，任憑情緒的擺布。

正確疏導情緒

生活中，我們有時會變得喜怒無常、敏感多疑，似乎與誰都無法和平共處。榮格告訴我們，這是因為——

情感的突然爆發，它與沉默和防禦的交替出現常常給某種人格蒙上一層稀奇古怪的外表，具有這種人格的人在他們的周圍人看來早已變得莫名其妙了。

由於情感的不時爆發，他與他人的關係會變得混亂不堪，並且，這種可怕的困惑和窘迫的出現使他無法把他與他人的關係恢復到正常的軌道上來。（《心理類型學》）

我們的情緒就像是一座火山，不時會因為各種原因而爆發——

這種不完善的適應導致了一系列不愉快的人生體驗，它們不停地產生自卑感或痛苦，如果不取實際的敵對態度的話，那麼會很容易地引向反對那些彷彿造成他的不幸的人們。（《心理類型學》）

我們需要正確疏導自己的情緒，不能過分壓抑，否則必定會突然發作，對自己和周圍的人造成精神上的傷害。

不要過分壓抑自己

壓抑的概念是根據這種反復觀察到的現象建立的：神經病患者似乎有忘卻重要經驗和思想的能力，他們忘得如此徹底，以致使人們很容易相信他們從未有過這種經驗和思想。（《性與夢——無意識精神分析原理》）

我們在生活裡時常需要壓抑自己的某些情緒，這是正常和必須的，否則我們就會成為本能的犧牲品。

我們不僅疏忽、輕視和壓抑我們人格的「陰邪面」，而且對我們的積極人格也會做出同樣的事情。（《心理的象徵與成功》）

但倘若過分壓抑自己，則可能會出現各種各樣的心理問題。

縱使那些說不定在某些情況能運用有利影響的意象，受到壓抑時，都會變成魔鬼。（《心理的象徵與成功》）

如果我們注意調節，不過分壓抑自己，就能避免變得抑鬱和絕望。

學會傾訴

每次我們陷入孤獨和痛苦，都渴望找自己的親人或者最親密的朋友傾訴一番。榮格告訴我們——

我仍然繼續處於孤立的狀態。祇有借助於傾訴我才能投入人性的懷抱，最終從道德放逐者的沉重負擔下解脫出來。通過宣泄而治療的目標是完全的傾訴——不僅僅在理智上承認事情，而且用心靈肯定事實和真正釋放受壓抑的感情。（《未發現的自我》）

我們需要朋友，就是因為我們希望有一個人能在我們難過壓抑的時候耐心地傾聽我們的故事。

很容易就能想象出，這種傾訴對於單純的人有極大的影響，而且它的治療效果常常是驚人的。（《未發現的自我》）

如果有什麼東西堵在我們的心口，不要一個人默默地頂著，去找一個人把內心的想法和感受說出來吧，有時候傾訴要比沉默更有益。

懂得自律

當你一個人獨處時，是否總是耐不住寂寞，想要自我放縱或者去尋找其他的玩伴？當你面對誘惑，是否常常很快便妥協進而違背自己平日的行為準則？

要想獲得幸福，一個人就應該懂得自律的重要性。自律是一種優秀的品質，榮格曾說——

就如同對待秘密一樣，在這裡我們也必須有所保留：自我克制是健康有益的；它甚至是一種美德。正因為如此，我們認為自律是人類最早的道德成就之一。（《未發現的自我》）

不要圖一時之快，不要忘記自己的準則，哪怕是自己日常作息的規律。

所有獲得成就的人都是一生懂得自律的人，自律讓他們變得自信，因為他們相信自己的幸福是自己才能爭取到的。

懂得自律，把握自己，我們才能成為自己的主人。

培養意志力

一個仍無社會適應力、仍無成就可言的年輕人最好是儘量去發揮他的自我意識——換言之，即以培育其意志為上策。除非他是一位天才，否則他就不該去相信還存在其他任何與其意志不相似的東西。（《現代靈魂的自我拯救》）

意志力就像是流水一般，我們行駛在意志之流中，強大的意志力能確保我們順利前進，不會受到其他的干擾。

培養我們的意志力，對年輕人而言尤其重要，榮格說過——

他應該自信是位有極大意志力的人，他大可把自己的其他雜念摒除、貶低其重要性，或使之都受其意志之左右——因為如果他缺少這樣的想法，他將無法生存在社會上。（《現代靈魂的自我拯救》）

在遇到人生的鉅大挫折時，意志力可以確保我們跌倒了再勇敢地站起來。

做自己應該做的事情，要求自己養成良好的行為習慣，我們就能慢慢培養自己的意志力。

耐得住寂寞

人生需要耐得住寂寞。

無論是工作還是生活，耐得住寂寞才能取得成績，才能有所收穫。

榮格剛進入精神病院開始工作時，因為對專業知識的渴求，也為了使自己儘快適應工作，他「閉關」六個月，刻苦學習和研究。

為了適應精神病院裡的工作，我將自己鎖在布勒霍爾茲利醫院的墻內，足不出户，過了六個月禁欲般的生活。為了使自己熟悉精神病的治療，我從頭開始通讀了五十卷的《精神病學概論》。

我毫不在乎，我心無旁騖的鑽研和心甘情願的禁閉使我與同事之間有了隔閡。（《榮格自傳》）

要想耐得住寂寞需要有強大的毅力和堅定的信念，就像一個在黑暗的曠野中孤獨前行的人，如果他渴望遠方的曙光，就應該忍受寂寞、堅持不懈。

不要害怕遺忘

遺忘是正常現象，其中某些意識觀念失去了它們特殊的能力，因為人的注意力轉移了。當興趣轉移時，它把先前所注意的事留在陰影裡，正如探照燈照亮一個地方的同時，又把剛才照過的地方留在黑暗中一樣，這是不可避免的。（《人及其象徵》）

我們經常抱怨自己忘記了一些東西，生怕這是自己變老的標誌，其實正如榮格告訴我們的，遺忘現象是正常的。

事實上，我們這樣「遺忘」是正常和必要的，以使我們的意識心靈有地方容納新的印象和觀念。如果不是這樣的話，我們所期待的任何事都會仍在意識閾限之上，我們的心靈會變成難以想象的雜亂。（《人及其象徵》）

過去的一些記憶已經成為我們私人的歷史，就把它們悄悄埋在角落吧，不要害怕遺忘它們，未來才是更加值得期待和體味的。

不要完全相信記憶

記憶就像是埋在我們身後的土地裡的一顆種子，隨著我們年歲和閱歷的增長，這顆種子也在漸漸發芽成長。

我們時常會停下腳步回頭望望那片土地，發現記憶之樹越來越茂盛，卻也越來越難以辨認。

記憶並不總是準確的，它似乎總會受到一些莫名的影響而發生微妙的改變，聽聽榮格是如何解釋的吧：

你可以把記憶作為一種功能來加以談論，但祇有在某種意義上說，記憶才是一種有意識的或受控制的功能。記憶常常是極不可靠的，它就像一匹難以駕馭的馬，經常以一種使人難堪的方式拒絕服從我們。主觀因素與反應的情況更是如此。（《分析心理學的理論與實踐》）

我們常常過分相信記憶而忽略了真實的情形，甚至會把一些沒有發生在我們身上的事情當成了回憶。

生活總是在不斷向前，我們不應該完全相信自己的記憶，讓自己沉迷在似是而非的回憶中。

當我們再次回望那片土地，微微一笑繼續前行吧，因為等著我們的會是比記憶更加真實而豐富的世界。

無意識的力量

有時候我們是否會陷入抑鬱和無聊的境地卻又找不到原因？我們是否發現自己出了問題卻又不知道是什麼問題？

我們拼命尋找原因的結果，認為起因也許是缺乏維他命，或內分泌腺有問題，要不然就是工作過度，也有可能是性生活不協調。無意識的同心協作，從來沒有被我們設想過，祇認為這是理所當然，可是它一旦失落了，卻是極端的嚴重。（《東洋冥思心理學——從易經到禪》）

我們時常被自身的無意識左右，正因為無意識的力量不易被察覺，我們好像總是沒有給予無意識足夠的關注。榮格警告我們——

如果無意識不能同心協力的話，人立即會陷入茫茫大海中，即使處理日常雜零狗碎的事務，也會毫無著落，不是記憶有誤，就是協力不成，甚或百無聊賴，時常會分心。這種種的差錯，可能會帶來嚴重的干擾，或要命的意外，或道德的潰敗，也許會造成職業的災害。（《東洋冥思心理學——從易經到禪》）

注重個人體驗

有很多東西，我們無法從書本領悟，甚至也無法從別人的講述中得到。

一次超越自我的體驗、一次孤獨的路程、一次痛苦的失敗，這些都是我們的個人體驗，也是別人不可復制的心路歷程。榮格説過——

個人體驗——憑借其貧瘠和寒傖——卻恰恰是直接的人生，是從今天的生活中噴涌出來的熱血。對一個尋找真理的人來説，它比最好的傳統更令人信服。直接的人生始終是個人的，因為生活的載體是個人。（《讓我們重返精神的家園》）

那些眾口相傳的道理和那些奉為圭臬的格言其實並不能代替我們自己的真實體驗。

雖然「從個人身上出來的任何東西都具有某方面的獨特性，因此它也是短暫和不完善的」，但正是由於這種稍縱即逝和不夠完美，個人體驗才顯得尤為珍貴和難得。

當我們又一次被那些遠行的故事所感動，不妨自己也去親自體驗一番，也許就會有些不同的感受。

接受新鮮事物

當我考察那些平靜得似乎是無意識地突破了其自身的人的發展道路時，我發現他們的命運有某些共同之處。新事物從模模糊糊的潛在可能性中脫穎而出，這種可能性隱含於他們身內又在身外，他們吸收了新事物並憑借它進一步發展自己。

對有些人來説，新事物來自於身外，而對另一些人來説則來自於身內，這是很典型的。（《金華養生秘旨與分析心理學》）

新鮮事物總是充滿了吸引力，它為我們展現出一幅奇妙迷人的圖畫，那些樂於接受新鮮事物的人往往都有一顆敢於冒險的心。

雖然新事物與深深地根植於我們身內的本能相抵觸，對此我們已有所瞭解，但它卻是整體人格最恰當的表達方式，我想象不出還有比這更完美的形式。（《金華養生秘旨與分析心理學》）

要想讓自己的人格得到充分發展，就嘗試去接受身邊那些新鮮事物吧，畏畏縮縮的人永遠不會真正品嚐到多姿多彩的生活。

整體發展

我們的精神被扭轉到一種我們尚無法企及，也不可能真正名副其實的狀態。但要達到這樣的狀態除非是意識心靈與無意識兩者間的真正的分離，否則不可能達到。我們的意識確實已從非理性與本能衝動的沉重負荷中獲得解脫，可是我們付出的代價確實犧牲了人的整體性。（《東洋冥思心理學——從易經到禪》）

心靈就如同一座冰山，我們可以控制和直接影響的衹是露出水面的一角，剩下的絕大部分則是由無意識在支配和引導。如果我們不能整體發展，這座心靈冰山必然無法平穩，遲早會坍塌崩潰。

我們的人分裂成為意識人與無意識人。意識人日漸馴化，因為他已從自然人或初民的狀態中脫離出來。我們一方面越來越講規矩、看重組織，也越來越理性；可是一方面我們仍是處在一種被強制壓抑住的初民地位。（《東洋冥思心理學——從易經到禪》）

第二章

心靈感悟篇

世界上最美的東西也許就是心靈了，我們可以拒絕金錢，可以拒絕美色，但我們永遠也無法拒絕一顆美麗的心靈。

榮格這位智者更是通過言行告訴我們，世上的一切都依賴於我們的心靈。

用心來認識這個世界，用心來溝通你我，幸福的真諦就在於此。

重視心靈力量的人永遠不會厭倦這個世界，因為他知道衹要他的心靈不會枯竭，這個世界就依然充滿了未知而神奇的美麗。

不要緊鎖著你的心，而要用心來感悟身邊的一切，用心來感悟你自己。

幸福是什麼？幸福就是我們的心還活著。

認識心靈的力量

我們似乎很難給心靈下一個定義，心靈就像是自然賦予我們人類的一片獨有的天空，這片天空並不總是萬裡無雲，偶爾也會烏雲密布。心靈擁有無窮的力量，因為——

世界上的一切事物都是有賴於人的心靈及其功能。對心理、精神和心靈的關注，再多加強調也不為過。（《未發現的自我》）

然而人們總是強調心靈的美好和高尚，但是心靈的另一面也能輕易毀滅一個人甚至是整個世界。

特別是在今天，對精神領域尤其值得倍加注意。因為，每個人都承認，未來的幸福或痛苦既不是由野生動物的攻擊來決定，也不是由自然災害引發而來，也不是由全球性的疾病和瘟疫決定，而是完完全全且獨一無二地取決於人內心的精神變化。（《未發現的自我》）

認識心靈的力量，學會和自己的心靈對話，不要讓心靈把我們引入歧途，而要讓它引領我們走向更美好的未來。

走入內心世界

對於生活的各種問題及複雜性，要是從內心裡得不到答案，那麼它們最終衹具有很小的意義。（《榮格自傳》）

內心世界對於我們而言既五彩繽紛又神秘莫測，這是一個充滿幻想和美麗的世界，同時也隱藏著無盡的秘密和人性的黑暗。

有些人外表風光、生活奢靡，內心卻劣跡斑斑、醜陋不堪，就像王爾德筆下描寫的道林格雷那樣。

榮格曾說過——

外在性的事根本無法代替內心體驗。因此，我的一生在外在性事件方面是非常貧乏的。對於它們我沒有多少話可以說，因為它們會使我覺得空洞和不具體。（《榮格自傳》）

可見，我們並不應該為了那些外在的刺激而忽略自己的內心體驗。心靈是一面鏡子，你可以欺騙他人，但無法騙過自己的心靈。

一個注重內心體驗的人，能用寧靜的心靈面對紛雜的世界，能用冷靜的眼光審視自己的所作所為；他不會輕易被外界的誘惑所迷惑，也不會隨意改變自己的人生目標。

但凡是那些與眾不同的人，都會懷著孩童般的好奇心在自己的內心世界探索尋覓，猶如面對一片豐富的寶藏。

榮格正是如此——

我衹能據內心裡發生的事來理解自己。正是這些事件，才形成了我獨一無二的一生。（《榮格自傳》）

尋找心靈的寧靜

有時想想，我們的快樂其實與貧富並無直接關係，而取決於我們的心靈是否獲得寧靜平和。

尋找心靈的寧靜著實不易，就連心理分析大師榮格都曾感嘆——

當我寫這篇文章時，我注意到，擾亂一個人的寂靜是擾亂其心靈的寧靜，在一個人的情感中尋找任何接近一種適度而相對平和的觀點是何等的艱難。（《轉化中的文明》，轉引自《榮格之道：整合之路》）

環境對一個人的心靈有著重要影響，榮格自己建造的塔樓總會給他帶來一種超然的靜謐和坦然。

對於這個塔樓，一開始我就對它抱有一種寧靜和新生的強烈感情。（《榮格自傳》）

放下那些無謂的包袱，不要自尋煩惱，讓我們去尋找心靈的寧靜。

如何成為內心強大的人

一個內心力量強大的人總能及時擺脫心靈的困境，讓自己適應突如其來的變故。可是——

這樣的人微乎其微（「被喚者千萬，得允者寥寥」）。而這寥若星辰的幾個人要走上這條路，祇能從內在的必然性出發。至於受苦受難就更不用說了，因為這條路鋒如刀刃。（《自我與無意識的關係》，轉引自《榮格崇拜：一種有超凡魅力的運動的起源》）

就如同榮格所說的，我們每個人都有機會可以成為內心強大的人，可是這絶非易事，需要極大的毅力和決心。

倘若我們在塑造心靈的過程中總是感到困難，不要輕易放棄，也許我們需要別人的幫助和引領。

在此，我要提到一個問題，它的意義深遠，其程度遠非這些簡單的詞語似乎能夠表達的那樣：從本質上說，人類在心理上仍然處於童稚階段——這一階段不可逾越。絶大多數人需要有權威，需要引導和規則。這是一個不容忽視的事實。（《自我與無意識的關係》，轉引自《榮格崇拜：一種有超凡魅力的運動的起源》）

成為內心強大的人需要不斷自我修煉，正確的指導也往往會幫助我們更快地前進。

聽從內心的聲音

我現在面臨著要麼繼續我的教學生涯——這條路在我面前是平坦的，要麼聽從我那內心的人格的法則，聽從一種更高的理性的安排，向著我那古怪的任務，向著我面對潛意識所作的這種實驗奮力向前。（《榮格自傳》）

有人說，人最後總會做自己真正想做的事情。

是啊，當我們違背自己的內心意願，強迫自己做那些我們討厭的事情，我們是不會快樂的。

在很多方面，我不能使自己局限於通常為人所理解的材料上，我對此是感到遺憾的。我甚至會有某些片刻的突然反抗命運之舉。不過這種情感都是轉瞬即逝的，因而並不會有什麼作用。

相反，另一方面的情形卻是重要的，而要是我們留意內心的人格所希望的和所說的是什麼，這種痛楚便會消失得一干二淨。這是我所再三體驗到的事情。（《榮格自傳》）

也許有時候聽從內心的聲音會讓我們放棄那些看起來很好的機會，會讓我們感到一些痛楚和遺憾，但祇要我們堅持跟隨心聲，不久就會獲得快樂和滿足。

跟著感覺走

人生實在是一次奇妙的旅程，我們會面對無數個大大小小的選擇，挑了其一剩下的就祇能慢慢消失，變得無影無蹤。

而很多時候我們對眼前的選擇似乎就像是霧裡看花，不知何去何從，這時不妨跟著感覺走，讓心靈深處的力量指引我們前行——

有時候壓力實在太大了，我不禁懷疑自己也有心靈的困擾。但這樣的反省，除了指出自己的無知之外，並無其他收獲。所以我向自己允諾：「既然自己一點也不懂，祇好看有什麼事情發生，就做什麼事。」因而我是在頭腦很清楚的狀況下，臣服於無意識的衝擊力量。（《心理的象徵與成功》）

一片落葉在空中漫無目的地隨風飄蕩，最後也總能回到大地的懷抱。

也許有時候跟著感覺走，也不失為一種隨性豁達的選擇,甚至會讓我們得到意想不到的收獲。

發現内在生活的意義

人們總樂意抱怨，我們生不逢時，我們的時代出了問題，我們的社會出了問題——彷佛祇要換了個環境，我們就能獲得自由，實現理想。

殊不知，真正的自由來自我們的內心——

在我們的時代裡，真正的解脫祇能從心理上的蛻變開始。人解放自己的國家到底有什麼目的，如果事後沒有有意義的人生目的——沒有值得自由的目的，如果人在他的生活裡已不再發現任何意義，不論他在何人統治下耗掉青春，也都沒什麼分別。（《心理的象徵與成功》）

內在生活的意義不會因為我們處境的變化而褪色，相反一個人如若能發覺內在生活的意義，就能處變不驚，獲得持久穩定的幸福。榮格說過——

惟有他能利用自由來創造一些有意義的東西，才能適切地得到自由，那就是為什麼對個體而言，發現內在生活的意義比其他事都重要，而且也是個性化的過程必須放在第一位的原因。（《心理的象徵與成功》）

讓我們放下憤世嫉俗的姿態和無病呻吟的造作，從內心深處發現生活的意義，獲得心靈的自由吧。

走出虛無

我們的社會猶如車輪般飛速向前，作為現代人，難免迷失在這種洶涌澎湃的現代化潮流中，陷入虛無和絕望。

對政治、經濟和體育的迷戀似乎已經成了大部分人的唯一樂趣，然而榮格警告我們——

今天，越來越多人，特別是那些住在大都市的人，受極端空虛和煩悶所苦，他們好像在等待一些永遠不會來到的東西。電影和電視、運動節目和政治的刺激也許可以解一時之悶，但當看膩了從夢中清醒時，他們又要回到自己生活的荒地裡。（《心理的象徵與成功》）

生活的樂趣並不在於一時之快，當我們忘卻了自己人生的意義，當我們忘卻了我們的使命和職責，就會變成物質世界裡的一顆沙礫，在虛無中徘徊遊蕩。

看看我們廣闊的世界，看看人生的無數種可能性吧，不要再繼續猶豫，走出虛無，去迎接充滿意義的新生活。

學會享受孤獨

有人說真正的孤獨是崇高的，孤獨者都可稱為思想者，而榮格的一生便是對孤獨的深刻詮釋。

今天仍跟以往那樣，我是一個孤獨的人，原因就是我懂得一些事情，而且還一定會把別人所不懂得的且往往甚至不想知道的事情加以暗示。（《榮格自傳》）

真正的孤獨不是寂寞，更不是無病呻吟。孤獨是一種人生狀態，是思想層面的曲高和寡，是唯有出淤泥而不染者才能達到的一種境界。

時常有人宣稱自己是個孤獨的人，可是又有多少人是真正的孤獨呢？

孤獨者，即使身處逆境，即使被眾人拋棄，也不會放下理性的武器，也不會自暴自棄。如同許多偉大的思想者，榮格也常常從孤獨中獲益——

總的說來，我更喜歡這樣，我獨自一人遊戲，做白日夢或獨自在樹林裡漫步，擁有屬於我自己的一個秘密世界。（《榮格自傳》）

一個人孤獨之時往往才能產生自由的思想，而後者則是個人精神升華的養料和人類進步的源泉。

學會享受孤獨，無疑是很多像榮格這樣的思想者用言行告訴人們的一條箴言。

珍惜時間

我遊蕩，收藏東西，閱讀，玩耍，虛度著光陰，但這並未使我愉快一些，我有著一種莫名的感覺，我是從自我中逃脫開來。（《榮格自傳》）

回顧以往，我們時常嘆息，因為有太多時間如同清風一般滑過我們的指尖，我們還未來得及細細品味生活中的各種酸甜苦辣，時間便悄悄流逝，一去不返。

歲月像是一把利劍，在我們額頭上慢慢刻下一道道皺紋，我們無法反抗，祇能順從，因為這就是生活。

「一萬年太久，祇爭朝夕。」人的一生短短幾十年，活得越久，一個人便越發感到每一天都如金子般寶貴。時間可以抹殺一切，卻也能創造一切，其中的秘密就在於人是如何利用時間的。

虛度年華者感嘆歲月的無情，珍惜時間者感謝歲月的饋贈。我們無法否認，凡是有所作為的人無一不是充分利用時間來完成自己的夢想。

當我們浪費時間的時候，我們的內心總有一個聲音在提醒我們——這是一種自我的逃脫，人的本性是不能容忍這種對於生命的浪費行為的。

從現在開始，我們或許應該對人生多一份思考，應該如同珍惜自己的生命那樣珍惜每一寸光陰。因為，幸福就在彈指之間。

生活在於充實

當你回顧以往生活的時候，你會覺得自己經歷過的是一種充實的生活嗎？榮格的回答是——

我對我一生所走過的歷程感到滿意，這種生活是充實的並使我受益良多。（《榮格自傳》）

人生短暫而又寶貴，怎樣生活是我們應該認真思慮的問題，是過空虛的生活？還是過充實的生活？我們都會毫不猶豫地選擇後者，可又有多少人真能言出必行呢？

榮格的行醫經歷告訴我們——

有人由於滿足於對人生問題作出片面或錯誤的回答而

成了精神病患者。他們尋求地位、高攀的婚姻、名譽、外表的成功和金錢，這些人甚至即使獲得了他們所尋求的一切，卻仍然不幸福並患上了精神病。這種人通常局限於一個極為狹窄的精神生活的範圍之內。他們的生活缺乏充實的內容和充實的意義。（《榮格自傳》）

由此可見，過充實的生活並非易事，唯有胸懷澄澈的心靈、追求真正的價值才能避免墜入虛無。

我們不要因為會有所放棄或者有所犧牲而害怕那等待著我們的生活，生活就是取捨，選擇真正的充實就意味著要放棄一些表面上的虛榮與奢華。

我知道它會充實我的生活，而為了這一目的，我是隨時不惜冒任何一種危險的。（《榮格自傳》）

我們若都能如榮格一般，便不會因為那些捨棄而痛心疾首。

選擇過一種充實的生活其實是在選擇過一種不會後悔的生活，也是在選擇過一種能讓我們感到幸福的生活。

珍惜擁有的一切

有一則小故事，一個清貧絕望的中年人在路上閒逛，看見路邊有一隻鳥兒在四處覓食，中年人心想：「唉，我就像這隻小鳥一樣，每天為了生計奔波，生活簡直毫無樂趣。」

過了一會鳥兒叼著找到的食物飛到了不遠處一棵樹上，頓時嘰嘰喳喳一片，原來有一窩幼鳥正等著餵食呢。

中年人露出了笑臉：「雖然每天掙錢很辛苦，但想想和妻兒在一起的快樂時光，這點辛苦又算什麼啊！」

珍惜我們擁有的一切吧，這些都是來之不易的財富。倘若我們忘了自己擁有的東西，倘若我們喜新厭舊、好高騖遠，就會像榮格所說的——

我們就像貪心的孩子一樣，伸出雙手，想著祇要我們能抓住它就能擁有它。然而我們占有了的東西已經不再有用，我們的手也抓得累了，因為在我們目光能及的地方，到處都擺著寶物。（《心理學與文學》）

幸福其實並不遙遠，不要等失去以後才追悔莫及，珍惜擁有的一切，就能守住我們的幸福。

不要停留在過去

生活中許多——太多太多——也應該體驗的方面，卻躺在塵封的記憶中的雜物間裡。有時候，它們甚至是在灰燼的包裹之中燃燒的煤炭。（《未發現的自我》）

過去總是讓人懷念和留戀的，有太多的美好記憶留在了我們的過去。

然而，在對過去的追念過後，我們不應該止步不前，不要停留在過去。

誰不知道那些多愁善感的老生們呢，他們天天拿學生時代的事情炒冷飯，衹有對英雄的青年時代的回憶才能燃起他們生活的火焰——其餘時候，他們就衹能陷於不可救藥的麻木的市儈主義。（《未發現的自我》）

我們不能忘記那些逝去的東西，因為它們是我們人生的一部分，也是我們日後生活的經驗來源。

但是我們不能按照生命上午的程序來度過生命的下午——因為上午偉大的東西到晚上將變得渺小，上午真實的東西到晚上將變成謊言。（《未發現的自我》）

我們始終都應該向前走，趁現在的時光多做一些有意義的事情，而不要等到日後再感嘆光陰流逝、後悔不已。

保持一顆童心

對我們大多數人來說，童年都是美好和難忘的，那時我們好像生活在天堂一般，每天的生活都充滿歡樂，臉上無時無刻不洋溢著幸福。

童年時代那種無憂無慮、天真爛漫的歡樂是難以忘懷的。所以「孩子般的天真」是唯一伴隨著幸福的內心狀態的象徵。「恰似一個小孩」就意味著擁有一座不斷地通向力比多的寶庫。（《心理類型學》）

既然童年如此重要，既然孩子的微笑就是幸福的樣子，我們為何還要整天愁眉苦臉，甚至與人勾心鬥角？

也許我們應該向小孩子來學習什麼是幸福，其實我們祇需看看自己小時候的相片，就能感受到那顆童心的美好。

發揮你的想象力

生活有時很枯燥，我們似乎被自己鎖在了一間密室裡，看不見一絲快樂的陽光。

這時候，我們就應該發揮自己的想象力，想象力是各種可能性得以實現的前提，甚至是生活改變的前奏。

想象力的創造性活動把人從「僅此而已」的束縛中解脫出來，並釋放出人們的遊戲精神。（《未發現的自我》）

我們不要害怕自己會被幻想所控制和吞噬，榮格告訴我們——

人類所有的作品都來源於創造性的幻想，那麼我們又有什麼權力貶低想象力呢？在事物的正常發展過程中，幻想是不容易走上歧途的，因為幻想太深刻了，與人類和動物本能的聯繫也太密切了。它總是能夠用一些驚人的方法來糾正自己。（《未發現的自我》）

創造需要想象力，生活也需要想象力，我們不要做一個不敢行動的空想家，也不要做一個刻板木訥的套中人。

唯有發揮我們的想象力，在這些美妙幻想的指引下，一步步接近我們的目標和理想，才能擁有一個絢爛多彩的人生。

向大海學習

大海，時而波瀾壯闊，時而水平如鏡。大海中蘊含著一種深沉的哲學，衹等待著我們去發現和學習。

大海總是那樣具有宇宙般寬廣的壯麗之美、淳樸之美，把一個人不禁要在此說的話全變成了緘默，尤其當夜晚來臨，衹有滿天星辰的夜空與大海做伴時，更是這樣。你沉默不語地向遠處眺望，能感受到自我的重要性，許多古老的傳說和景象會飛快地在腦際閃過。

大海就像音樂一樣；海裡珍藏著靈魂的全部夢想，並把這些夢想全都唱了出來。大海的美麗與壯觀就存在於我們不得不進入的我們自己靈魂的窪地那裡，裡面是無盡的果實，在那裡我們用「悲傷的荒原似的大海」的動力重新認識自己。（《榮格自傳》）

當我們厭倦了塵世生活的紛繁瑣碎，不妨讓自己直面那寬廣美麗的大海——

在那裡，過度興奮的靈魂可以在無盡的寧靜和空間中得到恢復。（《榮格自傳》）

回歸自然人

當我們忙於追求外在的事物，是否會感覺到一種精神上的不安與空虛？榮格告訴我們——

歐洲人需要回歸的，並不是盧梭所說的「自然」，而是回到自己的本性。他的目標應當是重新尋回自然人，然而不此之圖，他想要的反而是體系與方法。借著體系與方法，他可以壓抑自然人。因為自然人不管在何地何處，總是與他的意圖抵牾不合。（《東洋冥思心理學——從易經到禪》）

如果我們忽略了自身內在的本性，就會像一株沒有根莖的小草，永遠也不可能茁壯成長。

不管是操控內面或外面的自然，西洋人都沒有必要更上層樓，他在兩方面都已完美得可以。他缺乏的，乃是對環繞他周邊及在其身內的自然本性。（《東洋冥思心理學——從易經到禪》）

回歸自然人，真誠地面對自身，讓我們的本質作為我們接觸世界的基石吧。

命運的力量

似乎很難說清楚什麼是命運，可是命運卻時刻與我們相伴相行，唯有認識到命運的力量，才能經受住命運帶給我們的考驗。

我明白了承認自己的命運是多麼重要。這樣，我們就錘煉出來一個在不解之事發生之時也不折斷的自我；這個自我耐久，經受得住真實，也有能力對付世界和命運。（《榮格自傳》）

我們的命運不總是一帆風順，時常超出我們的想象和控制，我們必須鍛煉自我，勇敢面對命運的力量。

這樣，經歷失敗也就等於經歷勝利。一切都不受到干擾，不論是內在的方面還是外在的方面，因為一個人自我的延續性已經抵擋了生命和時間的潮流。但是，一個人衹有在不去尋根問底地干預命運的安排時才能如此。（《榮格自傳》）

命運的秘密無法讓人們洞悉，也因為如此，我們的生活才充滿了各種可能和意義。

生活的藝術

生活就是一杯美酒，其中的酸甜苦辣需要我們用一生去品嚐。

如果我們在步入老年之前，就已經體驗過生活的各種滋味，那麼我們無疑會度過一個安詳平靜的晚年，就如同榮格所述——

如果這些人以前就把生命的酒杯注滿了，並且把它一飲而盡，那麼他們現在對於所有事情的感受就會大不相同；如果他們無所保留，一切可以著火的東西都已燃盡，他們就會非常歡迎老年的這份平靜。

但是我們不能忘記，祇有很少數人是生活的藝術家；生活的藝術是最為傑出和罕見的藝術。有誰能以優雅的風度飲盡這杯酒呢？（《未發現的自我》）

的確，要想做一個生活的藝術家並不容易，因為生活中有太多難以預料的事情。

因此，對於許多人來說，生活中有太多未曾經歷的空白——有時他們即使用盡了全部的意志也不能實現某些潛在的可能性；正因為如此，當他們靠近老年的門檻時，還懷著種種沒得到滿足的要求，這些要求必然使他們回頭後顧。（《未發現的自我》）

但是我們也沒有必要因此對未來感到恐懼和疑慮，生活的藝術就是活在當下，過好每一天。

無知之知

有一種智慧，叫做「大智若愚」；有一種哲學，叫做「無知之知」。

「無知之知」絕非無知，而是一種看問題的新方法，一種觀察事物的新角度。

我給自己立了一條規則，考慮任何事情時，都要把它作為一個完全新的，連最基本的東西都不知道的問題。（《人及其象徵》）

榮格告訴了我們知識的局限性和「無知」的作用，他說過——

當觸及到表面時，日常的反應可能是有用的。但是，當一接觸到至關重要的問題時，生活本身就取而代之了，即使是最嚴格的理論前提也會變成無用的文字。（《人及其象徵》）

真正的聰明人是不會嘗試衹用一種理論和哲學來解釋所有事情的，因為他深知世界的博大和知識的限制。

正因為如此，「無知之知」才更顯出其妙處所在，這也是我們普通人在生活中應該學習的一點。

无為而為

榮格涉獵頗廣，對中國古代各派學説均有所研究。榮格本人就深受老子「無為而為」思想的影響。

為了獲得自身的解放，這些人究竟都做了些什麼？就我所知，他們什麼也沒有做（無為），而祇是讓事情任其自然地發生……依其自然的規律運轉。讓一切順其自然，無為而為，隨心所欲。（《金華養生秘旨與分析心理學》）

無為而為，並非被動消極，而是寧靜致遠，獲得持久的平和。

在心靈方面，也一定要順其自然。對我們來説，這的確是一種鮮為人知的技藝。意識總是與心靈的發展摻合在一起，吹毛求疵，好為人師，從未讓心靈在平靜的環境中質樸地發展。（《金華養生秘旨與分析心理學》）

當我們煩躁的時候，當我們一籌莫展之時，想象那曾經温暖我們心田的自然之流，順其自然，無為而為，重拾往日的寧靜。

良心的力量

人類似乎有一種良心，一個人必須在某個時候以某種方式停止保衛和維護自己，承認自己是會犯錯誤的，不管他的自尊心付出多大的代價。（《未發現的自我》）

講良心是社會道德和個人道德要求我們必須做到的一點，無論在小的方面還是大的方面，良心總是在我們將要誤入歧途時更正我們的言行。

回顧我們身邊發生的事情，那些犯了錯誤的人若能及時承認和挽救過錯，事後總會得到他人和自己的諒解。因為——

如果他不這樣做，良心就會嚴厲地懲罰他。除非他這樣做了，否則就會有一面無法穿透的墻把他隔在外面，使他不能體會到作為人群中的一員的生活經歷。（《未發現的自我》）

良心不是商品，它不應該被買賣。

在做每件事情之前，我們應該捫心自問，自己還願意保留這塊無價之寶嗎？

關於友誼

關於友誼，人們可以列舉出無數平淡而又感人的故事。友誼就像是一瓶陳年老窖，唯有品嚐到的人才能體會其中的美味；友誼又像是一條源遠流長的小河，滋潤著擁有者的心靈，讓彼此均能享受到那長久而純粹的幸福。

魯迅先生說過:「人生得一知己足矣，斯世當以同懷視之。」的確，一個人除了需要擁有和諧美滿的家庭，他還必須擁有一個能與之交心的朋友。

猶如一座天平，朋友間的友誼也需要彼此共同維繫，否則這座天平遲早會失去平衡——

對一個朋友道德品質的懷疑必然會傷害和阻礙雙方的關係。（《讓我們重返精神的家園》）

而我們又應該如何做才能讓友誼天長地久呢？

友誼則祇有在每個個人均記住了自己的個性並不使自己混同於他人時才能與日俱增。（《榮格自傳》）

沒有人願意與和自己一模一樣的人交往，那樣也許會讓人產生一種心靈的共通感和熟悉感，卻也會讓人覺得自己是在和鏡子中的人交往。

為了友誼，我們需要改變自己，但這種改變不是模仿他人和失去自我，我們需要保留「自己的個性」，也同樣需要認清朋友的個性。

榮格教會我們的顯然是一種對待友誼更為理性和負責的態度。

如何進步

生命的意義在於不斷進步，發現自我。

我們時常希望有種外部的力量能帶領我們前行，但榮格卻提醒我們注意——

即使有哪怕是表面看來最合適的改進方法也不能強加於人，因為它祇有和個體的自然發展過程有機地融合在一起才能是一個好辦法，所以任何一個找到社會性的解決方法的企圖都是毫無希望的。

某種不良習慣的好轉祇能開始於個體自己，開始於他要求自己而不是旁人來承擔責任，而且個體祇有在擺脫外界壓力的束縛下，在自主的狀態下才能完成這種轉變。（《圖畫中的精神世界》，轉引自《西方心理咨詢經典案

例集》）

從自己做起，不斷改善自己，其實就能慢慢進步。

思考的力量

善於思考的人一定是可以獲得幸福的人，他不會因為困難的考驗而止步不前，不會因為挫折的出現而怨天尤人。

思考會讓我們感到愉悅，因為我們覺得自己獲得了一種特別的力量，榮格說——

另一種方式是一種思考的狀態，在這種狀態中，思想猶如夢的意象在大腦中一閃而過，使兩個明顯不相關並且相去甚遠的觀念之間突然閃現出聯繫之光，這對潛在的緊張具有放鬆效果。這樣的時刻通常起著啓發和顯現的作用。（《人格的發展》）

榮格非常重視思考的力量，在他看來思考便是照亮黑暗的明燈——

相比起來，與黑暗的威力相比，這盞燈雖然顯得無窮

小和微弱，但它卻仍然是一盞燈，我的惟一的燈。（《榮格自傳》）

在生活的困頓中,我們不要輕易放棄，也不能魯莽衝動，三思而後行，才是為人處世之良方。

提高學習能力

還記得我們第一次理解了一首古詩詞時的快樂嗎？還記得我們第一次認出了一棵古樹時的驚喜嗎？

我們不斷學習，在我們心中這個世界好像就在不斷變化，我們總能發現以前忽視了的美麗，總能品嚐到知識帶給我們的甘甜。

榮格從更深的層次告訴了我們學習能力的重要性和獨特性——

任何事物都不能像人的學習能力那樣，使人與自己本能的行為模式相疏遠、相分離，這種學習能力將會成為一種真正的內驅力，驅使著人的行為模式向前轉化。正是由於這種能力而不是由於任何其他的原因，我們的生存條件才得以發生變化，而且我們才需要進行由文明帶來的各種

新的適應。（《未發現的自我》）

提高我們的學習能力，我們就能站得更高看得更遠，我們就得以輕鬆地掌握新的知識，探求新的領域。

應該知道，快樂的人都是願意不斷學習的人，而這也是提高學習能力的唯一途徑。

走自己的路

那段時間，弗洛伊德經常暗示，他把我當成他的接班人。這些暗示使我感到不安，因為我知道我再也無法徹底地支持他的觀點，也就是說，如他所期望的那樣。（《榮格自傳》）

當我們認清自己的追求是什麼，當我們看到了自己的目標，那麼就不該亦步亦趨、人云亦云，而應該大膽走出自己的路。

榮格並未拜倒在弗洛伊德的脚下，因為他相信自己可以探索出另一片天地。他也並不會因為世人的嘲諷就退縮和懷疑自己。

任何東西，祇要一旦得到，我便立刻不再滿意。我會急忙又忙別的，急忙去追逐我的幻覺。由於我的同時代人無法領悟我的幻覺的意義，因此他們所看見的祇是一個匆匆趕路的傻瓜；這，是可以理解的。（《榮格自傳》）

走自己的路，讓別人說去吧，也許成功就在不遠的地方。

靈魂的秘密

人生艱難而複雜，科學知識卻總是希望用一種「簡單」的程式來描述生命過程。因此，當人的靈魂轉變成以積極想象的形式呈現在我們眼前的時候，我們卻不能明白它蘊藏的深意。（《圖畫中的精神世界》，轉引自《西方心理咨詢經典案例集》）

似乎很難說清楚靈魂到底是什麼，也許我們可以把靈魂理解為我們的生命。

如果人們不能洞察靈魂的轉變，體會不出靈魂要求完整的需要，那麼這一需要將會變得越來越強烈，這樣才可以使它不至於再一次陷入潛意識之中。它會長久地縈繞在人的心頭，不會放棄向人們透露它的玄機。人的心靈體驗，會因被正確或錯誤地理解而對個人的發展產生不同的影響。（《圖畫中的精神世界》，轉引自《西方心理咨詢經典案例集》）

我們需要理解我們的存在，我們需要理解我們的靈魂。

靈魂隨時都願意向我們展現它的秘密，祇要我們願意去理解自己生命的意義。

敬畏死亡

榮格曾經這樣説過自己居住的塔樓：「這塔樓……是與死去的人相關聯的。」對於自己祖先的敬畏讓榮格擁有了一種跨越時間的使命感——

這樣我就開始感覺到我與祖先們的息息相關。我的父母、祖父母以及更久遠的祖先們，留下了一些未曾完成的事情，未曾回答的問題……他們都仍然影響著我，而這種影響給予了我力量。（《榮格自傳》）

我們也許不太容易理解榮格的體驗，但是他卻告訴了我們要敬畏死亡，因為生命正是用這種方式一代代延續。

我們的心靈以及我們的肉體，是由那些早已存在於我們祖先基因中的個體因素所構成的。個體心靈中的「新生命」，則是那古老成分的不斷更新組合。因而，肉體與心靈具有一種內在的歷史特徵，這種特徵在所謂新的、剛出生的事物中並不存在。也就是說，我們祖先的基因在這些事物中衹是部分地表現。（《榮格自傳》）

換一種眼光看待死亡

出生就注定要死亡，這是自然規律，我們甚至都無法確定自己何時會離開這個世界，正是這種不確定性讓我們心懷恐懼，同時也心懷敬畏。

死亡通常被視為一件可怕的事，公開談論死亡也一度成為一種忌諱。不過對此也有其他一些有價值的看法，榮格就曾說過：

從另一個觀點來看，死亡是一種歡愉的事。從永恒角度來看，這是一個婚禮，一種神秘的結合。靈魂獲得了它

那遺失的一半，將要達到完整。（《榮格自傳》）

細細想來，死亡是我們人生最後的終點，從出生到死亡，生命歸於完滿。

完整的人生最後一站就是死亡，我們不能確定這最後一站會在何時出現，卻可以確定在這一站到來之前我們應該做些什麼。

我死的時候，我的所作所為會隨我而去，我是這樣想象的。我將帶走我所做過的一切。與此同時，重要的是要保證我最後不會空著雙手。（《榮格自傳》）

死亡教會我們最重要的一點也許就是要珍惜生命，珍惜活著的時光。

當我們還在這個世界上的時候，就應該認識到我們最終都會離開這個世界，而會不會空手而去則完全取決於我們自己的所作所為。

如何看待世界

我們所出生在其中的這個世界是個野蠻而殘忍的

世界，但同時又是個有著聖潔的美的世界。（《榮格自傳》）

認識世界是每個人的義務，而世界到底是什麼樣的，每個人又都有自己的看法。我們不能否認世界上有太多的不公和黑暗，也必須承認世界同樣充滿了希望和美好。

世界是多面的，當我們面對這個世界的時候，重要的問題是我們應該如何看待這個多面的世界。

我們認為哪一種成分更重要，是有意義的還是無意義的重要，這是個氣質性的問題。（《榮格自傳》）

我們都知道這樣一個譬喻：半杯水在樂觀的人看來是還有半杯水，而悲觀的人卻搖搖頭嘆息說衹剩半杯水了；這半杯水便可稱為我們的世界。而榮格說過——

生活就是——或具有——既有意義又沒有意義。但我卻抱有這樣的厚望：有意義將占上風並將戰而勝之。（《榮格自傳》）

倘若我們一味認定世界是黑暗的，是沒有意義的，那麼我們的生活又將陷入怎樣一種絕望而毫無生氣的僵局啊！

樂觀看待我們的生活和身處的世界，並不是要否認其中的不幸和不公，相反卻是激勵我們要更加努力地生活，並設法為改變我們周圍的環境以及這個世界盡一己之力。

普通人的力量

我們都是普通人，過著平凡普通的生活，然而我們卻不能忽視自己身上的職責和力量。

確切地說，我們現在這個世紀是個普通人的世紀，在這個世紀中，普通人就是地球的上帝，就是空氣和水源的主宰，他們所做的決定將左右著世界所有民族的歷史使命。（《未發現的自我》）

我們發現，那些最感動我們的，不是名門望族和達官貴人的一舉一動，而是我們周圍普通人的平凡事跡。然而——

不幸的是，這幅關於人類尊嚴和偉大的圖景，雖然令人感到驕傲自豪，但它不過是一種幻想，而且在實際生活中，這一圖景還會被與之大相徑庭的現實衝刷掉。在這種現實裡，人是機器的奴隸。（《未發現的自我》）

當我們忘記了自己作為普通人所擁有的力量，當我們陷入循規蹈矩和思想禁錮的泥沼之中，我們的確就像是機器的奴隸。

也許從現在起，我們就該看清自己的力量，去嘗試改變一些東西，去追尋一個普通人可以獲得的幸福。

第三章

為人處世篇

學會怎樣為人處世，永遠是我們在社會生活中應該注意和重視的問題。

人與人之間和諧相處，我們才能感受到生活的幸福。

我們應該學會尊重他人，就像尊重自己那樣；我們應該學會善待他人，就像善待自己那樣。

自私自利者永遠體會不到與人相處的快樂，因為他的快樂往往建立在他人的痛苦之上。

做一個善良誠實的人，而不要去做一個卑鄙虛僞的人；做一個活生生的人，而不要做一個賺錢的機器。

我們總是習慣於指出別人的錯誤，其實首先應該學會的是自己如何為人處事。

真誠地面對自身，去嘗試做一個更好的人吧。

學會謙虛

謙虛是一種美德，它是自我激勵的手段，也是實事求是的表現。

榮格在心理學領域獲得了鉅大的成功，卻從未驕傲自滿、固步自封。他說過——

我想再回到起初我所答應過的鎮靜與謹慎的諾言。其實，我不敢忘記，我的言論祇不過是一個人的呼聲而已，我的經驗祇能算是滄海之一粟，我淺薄的知識比顯微鏡下的視界大不了多少，我所見的祇不過反映出世界之一角，而我的看法，祇不過是一項主觀的表白而已。（《現代靈魂的自我拯救》）

我們身邊有多少人因為一點小小的成績就忘乎所以，他們並沒有意識到驕傲會使人退步。

相反，謙虛也並不是妄自菲薄、自輕自賤，謙虛的人不會刻意隱瞞自己的所作所為。

正所謂高調做事、低調做人，學會謙虛，學會以平常心對待自己取得的成績，給自己留下進步的空間，方為明智之舉。

學會懷疑

所有新的發現和改造，不論是精神方面還是物質方面，都是從對往昔的懷疑開始的。

我們自然能想到歷史上那些偉大的先驅和真理的殉道者，他們都曾大膽地對一些人們已經熟悉和默認的「事實」產生懷疑並且提出自己新的見解。正如榮格在他的領域所敘述的那樣——

面对物质的強权，只有我们的怀疑精神能引导我们用一种批判的眼光，去考察对人的精神所作出的这一科学结论。（《让我们重返精神的家园》）

可是我們也應當注意，無知不能產生懷疑，衹能產生偏見。若不對一個問題有深入且廣泛的瞭解，我們的懷疑便衹能像是一陣微風，並不能撼動往日那些堅固的基石。

現在我卻吸收了大量的認識論的觀點，因而便使我懷疑起來。（《榮格自傳》）

衹有像榮格這樣擁有足够的知識積纍，才有資格和理由產生理性的懷疑。

當我們對一些事情產生懷疑，並不應該立即就表達自己的觀點，而應該進行更深入的調查和瞭解。

學會懷疑就是學會重新認識事物，善於懷疑的人會過上一種永不厭煩和豐富多彩的生活。

學會反思

我們要學會反思，及時糾正自己的錯誤，才能不斷進步。榮格十分注重反思的作用，他甚至說過——

實際上，人類真正的領袖始終是那些能夠反思自己的人，他們總是自覺地遠離大眾的盲目力量，從而至少從大眾的危害中扣除了他們自己的危害。（《讓我們重返精神的家園》）

一旦出現問題，我們總是不願意先看看自己的責任，好像錯誤都是別人犯的，自己就是局外人。

如果世界出了錯，那也是因為個人出了錯，因為我自己出了錯。因此，如果我有理性，我就應該首先糾正我自己。為此，我需要認識我的存在的內在基礎。外在的權威

對我已不再具有任何意義，我必須把自己穩穩地安放在人心永恒的事實之上。（《讓我們重返精神的家園》）

就像榮格所說，如果我們周圍出了問題，這個社會出了問題，那麼其中每個人都有責任，都應該自我反思。一個不會反思的人又怎麼可能獲得幸福呢？

學會靈活思維

我們往往憑借經驗行事，以為自己以往的經驗和他人的教訓可以解決任何問題。但是榮格卻告訴我們，生搬硬套絕不是萬能之道，尤其是遇到那些個人化的問題。

我祇知道這樣的解決之道不能夠被預見到，它因人而異。一個人不能機械地想出一些方式和方法，更不用說預先知道了。因為這樣的知識祇是集體性的，它來源於人類的共同經驗。（《圖畫中的精神世界》，轉引自《西方心理咨詢經典案例集》）

不要讓條條框框限制住我們的思維，靈活處事方為上策。

實事求是

無論何時何地，實事求是總是一種值得歡迎的態度，做一個坦誠的人總能贏得更多的讚賞。

榮格就是一個實事求是的思想者，他絕不會因為自己的想法另辟蹊徑而對成果誇大其詞甚至胡謅一通，來聽聽榮格本人是如何評述自己的著作吧——

我並不是在向大家推薦什麼新理論，我更不是在傳播什麼福音。我祇能是在嘗試說明一些我不太明了的部分，在從事於研究某種能克服心理療法之難題的努力而已。（《現代靈魂的自我拯救》）

很遺憾，不管我說些什麼，無疑都將是一種未完成的東西。不幸的是，我很少采用新理論，因為我耽於經驗的脾性使我渴求新的事實更甚於對這些事實的思索，儘管後者是——我必須承認——一種智力的愉快的消遣。（《分析心理學的理論與實踐》）

也許弄虛作假可以逞一時之快，卻終將受到道德的譴責和良心的懲罰。

無論做人還是做事，我們都需要一種實事求是的態度，這樣才能活出一個真實的人生。

善於提問

青少年時期的榮格是個善於提問的人，對世界充滿了好奇和求知欲。

那個時候我才明白，兒時那兩次經歷中閃現在我意識裡的思想非但不幼稚，反而相當複雜，過分複雜。我的心中究竟是誰在講話？是誰的意識創造了那些景象？究竟是一種什麼樣的超級智力在起作用？

事實上，如果神是最完美的，那麼為什麼他的傑作——這個世界，充滿了缺憾、墮落和卑劣呢？（《榮格自傳》）

善於提問的人必定會努力嘗試回答自己的問題，也正因如此，榮格在日後終於逐漸產生了自己獨特的觀點。

要有自知之明

古希臘有句名言：「最困難的事情就是認識自己。」

當一個人甚至看不清自己，看不清自己不自覺地帶到形形色色的事情中去的東西時，他又怎麼可能正確地看別

人和看世界呢？（《讓我們重返精神的家園》）

我們要有自知之明，就像一個司機應該知道車裡還剩多少油，一個音樂家應該知道下一個小節要演奏什麼。

對於自我的知識這個問題，祇有當人願意嚴格地檢查自己並確實瞭解自己的時候，他才能獲得肯定的解答。而且，倘若他能夠循著自己的這種願望前行，那麼他不但可以發現某些關係到自己的重要真理，還可以得到一種心理優勢，即是說，他將會成功地相信自己值得給予認真的注意、同情和關心。（《讓我們重返精神的家園》）

瞭解自己，知道自己的長處和短處，知道自己的能力所在，我們才能做好應該做的事情。

做個有良知的人

做一個有良知的人看似簡單，其實不易。

如果我們面對危險，如果我們受到誘惑，如果有無數流言蜚語等待著我們，如果沒有人支持我們，我們還能堅持做一個有良知的人嗎？

當同時代的人並不理解榮格，也並不歡迎榮格的學說時，他卻說——

並非自以為是的念頭，而是精神病學家的良知，驅使我克盡職責，使那些可以聽到我的議論的人對於將要發生的與一個時代終生相伴的那些事件有所準備。（《天空中的現代神話》）

一個人的良知能驅走他的猶豫和膽怯，讓他即使處於風口浪尖，也依然堅如磐石。

我們在心中播下良知的種子，這顆種子最終就會長成一棵參天大樹，而樹上結出的果實就是公平和善良。

倘若一個人沒有良知，他怎能讓周圍的人快樂，又怎能獲得自己的幸福呢？

遵守道德準則

希臘有句格言：「道德是永存的，而財富每天都在更換主人。」

道德就像是懸崖邊的一道護欄，可以防止我們墜入墮落之淵；道德又像是江河上的一艘輪船，可以將我們載到幸福的彼岸。

榮格曾說——

在我漫長的一生中，我從來不曾遇到比較輕易地對道德原則加以否定或就此表示最輕微的懷疑的情形。（《天空中的現代神話》）

可見，道德準則並不是隨意確定，更不是能夠說變即變、隨意篡改的。

古往今來，能否遵守道德準則一直被視為衡量一個人品德是否優秀的標準之一。在我們今天的社會裡，道德品行則已成為一個人修養的綜合體現。

我們也許會問，隨著我們閱歷的增加和社會生活經驗的增多，是否就該有理由大言不慚地做一些違反道德準則的事情呢？

道德問題隨著體驗和見識的增加而更加突出，道德責任變得更加嚴重。（《天空中的現代神話》）

這就是榮格對我們的回答。

不要幹壞事

無論在任何情況下，我們都不要幹壞事，因為——

即使這樣，我們也僅僅祇獲得了一半的機會。一個知道自己正在幹壞事的人也許有幸獲得祝福，然而與此同時，他卻仍然身在地獄之中。（《讓我們重返精神的家園》）

從未有哪個罪犯因為知道自己正在犯罪就會減輕處罰，相反倘若明知故犯，難道不是罪上加罪嗎？

因為你做的壞事，哪怕你是在知道它的情況下做的，它也仍然是壞事，並且必然會產生相應的後果。（《讓我們重返精神的家園》）

損人利己並不快樂，要想真正幸福就不要幹壞事。

敢於承擔錯誤

俗話說：「金無足赤，人無完人。」我們每個人都有自己的缺點，於是或多或少都會犯一些錯誤。

連一分鐘都不能保證我們不犯錯誤，或者不跌入致命的危險。我們可以設想筆直的道路，但是，那祇可能是通向死亡的道路。死後就什麼事也不會發生了，至少正確的事不再會發生。任何想要走捷徑的人，都與死人無異。（《榮格自傳》）

錯誤就像是我們面前一個個看不見的黑洞，一不留神我們就可能掉入其中。這時是在其中逗留徘徊，還是堅強地爬出來繼續向前，榮格告訴我們：

如果遵循個性化的道路，如果要過自己的生活，就必須承擔錯誤；沒有錯誤，生活就不完整。（《榮格自傳》）

我們不能對自己犯過的錯誤視而不見、推卸責任，不能在錯誤當中止步不前，而要認真思考、吸取教訓。

教訓是最好的老師，事實再次證明這是一個顛撲不破的無情真理。（《人格的發展》）

人是在錯誤中進步的，一個人祇有經歷過反省過，才可能避免再犯同樣的錯誤。

敢於承擔錯誤的人永遠都能重新開始；而逃避責任的人，則可能會因一個錯誤一犯再犯而失去成功的機會。

容納不同的觀點

在我們與人交往的過程中總會遇到與我們觀點不一的人，難免會因此發生爭論甚至口角。

一個人對某事的觀點是他個人思想和當時心境的體現，我們在表達自己觀點的時候應該力求客觀，但更重要的是，我們應該要懂得容納不同的觀點。

沒有任何概念是無所不包的，因為它總是突出某種觀點。這篇著作所采用的觀點……當然不是唯一正確的觀點。事實上，也還有其他的觀點。（《人格的發展》）

解釋一件事情並不是像走獨木橋，祇有一種方法，正所謂「條條大路通羅馬」。

思想的火花通常就是因為不同觀點的碰撞而產生的，那些善於思考的人不會隨便放棄自己的觀點，也不會輕易否定他人的觀點。

倘若我們盲目否定他人的觀點，則說明我們不夠謹慎和寬容。我們需要認識到每一種觀點都有其局限性。在醫學領域，榮格就曾說過——

祇有非常片面的專家才會想到將那種對其訓練或是個體的觀察方法具有特殊價值的啓發性原則宣稱為普遍有效的。（《人格的發展》）

不論在日常交往當中，還是在那些專業領域裡，我們都應當學會容納不同的觀點，觀點總伴隨著挑戰，而百花齊放的局面才是對各種觀點最好的檢驗。

理解別人就是理解自己

理解別人就是理解自己，我們時常會將自己的想法強加在別人身上，就像榮格所說的——

我們堅信有些人身上具備了一切最壞的品質，而我們自己身上卻絲毫沒有這樣的品質；我們確信別人幹盡了一切壞事，而這些壞事卻與我們全然無關。我們仍須格外小心，才不至於毫無羞恥地把自己的陰影投射給別人。

（《讓我們重返精神的家園》）

與人爭論的時候，我們都願意積極地表達自己的想法，然而——

如果不能深入理解別人的觀點，那麼想要明確表達自己的觀點並讓別人理解，肯定是不可能的。（《未發現的自我》）

如果我們學會理解別人的想法，多聽聽別人的意見，也許就可以知道自己到底在想些什麼。

我們也必須承認，別人也許比我們自己更瞭解我們。（《未發現的自我》）

接受他人的不同

我們與他人是不同的，因為每個人都是獨一無二的。可是有時候我們卻總是忘記別人與自己是不同的人。

當發現另一個人確實與自己不同的時候，人們便往往感到吃驚，或者甚至感到恐懼。

當某人並不與我們持同樣的信念時，我們馬上就會勃然大怒；當某人認為我們的審美觀令人厭惡時，我們立刻就會覺得受了侮辱。我們仍在迫害那些有不同思想的人；我們仍然力圖把自己的意見強加給他人；我們仍然致力於歸化異教徒，以便把他們從那毫無疑問是為他們準備的地獄中拯救出來。（《讓我們重返精神的家園》）

其實，我們和他人在思考問題的方式上，在生活的行為習慣上，在人生觀和價值觀上都可能存在許多不同點。

接受他人的不同吧，學著做一個寬容的人，這不僅會讓你發現其實每個人都有可愛的地方，更是這個世界直到今天仍為我們留戀的根本原因。

溝通之道

人與人的相處中，誤解和衝突在所難免，溝通之道顯得尤為重要。

在一些不起眼的小事中，一種普遍流行的敷衍，一種並不經常出現的遷就和忍讓，以及一種相當少見的親善，

都將有助於在使人與人之間缺乏理解的鴻溝上架起一座橋梁。（《心理類型學》）

我們每個人都有自己的性格特點，也總樂意與和我們性格相近的人結交，而當我們遇到那些和我們性格基本對立的人時又該怎樣相處呢？

在意識到自己的偏愛的情況下，他必須抑制自己，不要向與之對立的類型作無禮、懷疑和貶低的評價。（《心理類型學》）

榮格對日常生活中人們之間的溝通作了很生動的比喻，他說：

正像論爭的兩個政黨聚集在法律面前一樣，雙方都一樣，雙方都忍住不直接使用暴力，而向公正的法律和公正的法官陳述自己的主張。（《心理類型學》）

與人溝通時學會理解和忍讓，這樣才可能避免矛盾的發生。

關於印象

與人交往中的第一印象非常重要，也許初次的會面之後我們就能發現他人一些獨特的品性。

在這第一次會面裡，出現了某種別的對我有意義的東西。這與祇是在我們的友誼結束後我才能想出來並對之理解的事情有關。（《榮格自傳》）

你的印象也許很不準確，在許多方面甚至錯得離譜，但你也有可能領略某些特性或某些光影。反而經過兩三次拜訪，印象遠比初次正確後，這些特性或光彩卻被遮掩掉了。（《東洋冥思心理學——從易經到禪》）

但其實，我們如果想給人留下一個好的印象，不能僅僅注意初次的交往，提高自身的修養才會讓他人長久地信賴和欣賞自己。

凡事多從自己身上找原因

有些人遇到問題，往往習慣指出別人的錯誤，自己卻心安理得；有些人遇到應該要承擔的過錯，往往更樂意推卸責任，做一個旁觀者。

生活中有太多的事已經告訴我們，凡事應該多從自己身上找原因，這是一個負責任的人遇到問題時首先要做到的。榮格指出──

廣大民眾哪怕衹有一小部分的人能認識到：如果出了亂子，一味地將過錯往別人身上推卸，到頭來受害的卻是自己，這種做法既愚蠢又不值得；那麼，對人對己都將大有益處。（《人格的發展》）

的確是這樣，當碰到那些把我們捲入其中的麻煩時，我們也許該換個角度來看待問題，多從自己身上找原因，這樣不僅能更清楚地認識問題，還能避免無謂的衝突。我們不要總是去命令別人，而應該從自己做起。

從前我們相信，叫別人遵守秩序是我們義不容辭的責任；現在我們卻不得不承認，我們需要命令自己遵守秩序──我們最好自己以身作則。（《讓我們重返精神的家園》）

面對每一件事的時候，倘若我們能認識到自己在其中的責任，以身作則，那麼問題就能更好更快地解決。

理性看待自我和他人的評判

我們時而陷入自卑的泥沼，時而變得過度自信，時而因別人的批評一蹶不振，時而因別人的讚美沾沾自喜。

我們就猶如身處雲霧，總是看不清自己，因而很容易受到自己情緒的影響和他人言語的影響。

不要以為自己很瞭解自己，不要以為他人對你的評價就是真實的你，榮格說過——

我們一方面通過對自己的行為進行審查和評判獲得自知，另一方面還從別人的批評中獲得自知。

然而自我評判容易導致個人偏見，來自別人的評判又容易產生錯誤或是令我們不愉快。總之，由這兩個來源獲得的自知就像所有的人類判斷那樣既混亂且不全面。因為人類的判斷總是擺脫不了欲望和恐懼所造成的錯誤。（《人格的發展》）

當我們想真正地瞭解自己的時候，不妨冷靜下來，不要急於求成探個究竟。因為——

人們仍未學會先進行調查，然後再做出判斷。（《人格的發展》）

我們總是很想立刻就認識自己，其實真正認識自己是多麼困難啊。倘若我們急於求成，勢必會輕信自己和他人的評判，往往會迷失自己的本來面目。

理性看待自我和他人的評判，不要讓一些不真實的帷幕掩蔽了我們的本性。

不要追求功利主義

有些人衹看重眼前，熱切希望即刻擁有所追求和期待的東西，榮格卻告訴我們——

生活在文明社會的人，為了使人格發展，必須放棄追求功利主義。完成一個人的命運，就是最大的成就，而我們功利主義的觀念卻在面對潛意識心靈的需求時讓步。（《心理的象徵與成功》）

功利主義可以讓我們獲得短暫的幸福，卻往往阻止我們看得更遠更深，如果我們衹盯住身邊的寶物，又怎能看到其他東西呢？榮格告誡我們——

這種心靈核心有創造力的積極面，衹有當自我放棄所有的意圖和欲求的希望，以及努力爭取較深刻的存在、較基本的形式時才能開始活動。自我必須在沒有更進一步的意圖或目的之下留心地聆聽，以及熱切於成長的內在刺激。（《心理的象徵與成功》）

其實，想要獲得幸福，並不是要求我們拼命抓住每一個可以得到幸福的機會，而是應該從自己內心的完善開始，這也是榮格最想對我們說的。

不要追求利己主義

有些人認為為了獲得幸福就應該事事為自己著想，其實不然。

生命的最適度不能在殘忍的利己主義那裡找到，因為一個當他賜福給鄰人時，就本能地意識到了一種絕對必需的交換含意的人，是不可能從利己主義中贏得生命的最適度的。（《心理類型學》）

我們活在世界上並非孤獨一人，我們都渴望著親情、友情和愛情；我們渴望與他人分享我們的喜樂，我們渴望遇到危險時能有人相助。

一種無止境的對個體優越的渴望同樣不可能獲得最適度，因為集體因素是如此有力地植根於人性之中，以致他對於友誼的渴望毀滅了所有赤裸裸的利己主義的快樂。（《心理類型學》）

為了自己和他人持久的幸福，不要追求利己主義，與他人共享的快樂才是真正的快樂。

不要自欺欺人

眾所周知，欺騙是利用不正當的手段壓制別人和迫害別人的方法，而騙局是不會有任何好下場的。（《未發現的自我》）

做一個誠實的人，無論是對自己還是對別人。

有時人們埋怨自己受到了欺騙，而榮格卻告訴我們另一種情況——

任何受騙的人都是他自己在欺騙自己，從而一切都可

被用於隱瞞和遁詞的目的。（《人格的發展》）

還有的時候我們因為誤用了一些良好的意願而最終竟變成自欺欺人——

倘若沒有對立面的平衡作用，那麼理想就會超越我們的能力範圍，並且因其正經獃板、毫無幽默感而成為一種不可思議的東西。其結果是，儘管這種理想用意良好，卻墮落為欺騙。（《未發現的自我》）

不論在什麼情況下都不要自欺欺人，能解釋清楚的事情就及早儘量解釋清楚，否則日後會在騙局裡越陷越深。

不要逃避問題

我們每一個人都願意轉身離開自己的問題；如果可能的話，根本就不提起它們，或者更好的辦法是，干脆否認它們的存在。（《未發現的自我》）

逃避是我們面對問題時最容易產生的反應，就像榮格所說的——

我們願意使自己的生活簡單、確定而且平穩——由於這個原因，問題就成了禁忌。我們選擇肯定而不是懷疑——選擇結果而不是實驗——我們甚至沒有看到，肯定性祇能通過懷疑獲得，結果祇能通過實驗獲得。（《未發現的自我》）

凹陷的路面並不會因為人們繞道而行就自動變平，問題也並不會因為我們視而不見就自行解決。

人為地否認問題並不能帶來信念，相反，祇能要求更廣泛、更高度的意識來給予我們所需要的確定性和清晰性。（《未發現的自我》）

祇有我們自身足夠強大，祇有我們正視問題的存在，內心才能真正感到安心踏實。

放下自尊心

一個人面對一座高峰，在最困難的地方卻因為怯弱而放棄，如果他是個誠實的人，就該承認自己的膽怯。可是如果他自尊心太強，便可能否認現實。

在這種情況下，他陷入自相矛盾的境地：一方面他對情況有一個正確的判斷，另一方面他又對自己隱藏了這個認識，將它藏在勇敢的幻覺後面。

從這時起，他受內部衝突的折磨。時而他的膽怯占了上風，時而他又輕蔑、自負。無論哪種情況他的力比多都糾纏於無用的內戰，於是這個人就變得不可能有任何新的進取精神。（《性與夢——無意識精神分析原理》）

自尊心在有些情況下是我們應該保持的，可是在面對自身缺點的時候，卻並不能讓我們進步。

面臨困難而後退的力比多既沒有導致真誠的自我批評，也沒有導致為克服困難而不惜一切的絕望掙扎。它衹用於維持這廉價的口實：攀登上去是絕不可能，即使有英雄的勇氣也無濟於事。（《性與夢——無意識精神分析原理》）

放下自尊心，真誠地面對自己；承認自己的失敗是痛苦的，但自我欺騙卻是一種恥辱。

拒絕誘惑

金錢、美色、權力，面對無數的誘惑，有些人無法自持，越過了道德底線。

其實看起來這類東西充滿誘惑，一旦擁有它們我們也的確可以得到一時之快，可是如果不顧道德準則，這種快樂就是畸形和短暫的。

一個正常的人分享共同的美德比保持個人的誘惑感覺舒服得多，不管這邪惡會怎樣誘人。如果他讓自己被這類特殊興趣所迷惑，他必然已經是一個神經官能病患者，或者是別種不正常的人了。（《性與夢——無意識精神分析原理》）

拒絕誘惑，做一個心靈健康的人，也祇有這樣我們以後才不會在自責和悔恨中度日。

不要走極端

當我們面對前人的經驗和教訓時，應該如何參照和行事呢？榮格告誡我們不要走極端——

現代西洋人對於上述的說法，雖然還不至於妄肆譏諷，但他們如果不是認為這終究還是很危險，要不然就是反過來，一股腦兒地接受。因此，最後變得像神智學般地自我膨脹。西洋人不管怎麼做，在處理這些事情上面，老是弄錯。（《東洋冥思心理學——從易經到禪》）

非此即彼並不適用於一切事情，有時候博采眾長的中庸之道才是上策。

我們如果能好好抑制自己，不要犯了根本的錯誤，亦即不要袛想搬弄事非、求取實利，那麼，我們大半可以從這些教誨中吸取重要的明訓。（《東洋冥思心理學——從易經到禪》）

在面對任何事情的時候都給自己在思想上留一條後路，不要走極端，我們也許就可以變得更豁達和開明。

發現事情的規律

有時我們苦思冥想，卻仍然對正在發生的事情毫無頭緒，對於這些看似複雜的事情，榮格告訴我們——

它們有一種能被解釋的本質，因為在一切混亂之中都有一個宇宙，都有一個秘密的秩序；一切奇想之中都有一個固定的規律：一切活動的事物是以它們的對立面為基礎的。認識這一點，是需要人的辨別理解力的——人類的這種能力把每一事物都塞進了矛盾的判斷之中。（《心理學與文學》）

當我們遇到下一個難題時，想想事情的背面隱藏著些什麼吧，是什麼擋住了我們的眼睛；去發現事物的規律，換個思路解決問題。

提高自身的文化修養

榮格是個知識面非常寬廣的學者，從小就表現出了對知識和真理的渴求，他非常注重人的文化修養的提高。

過去這幾天，有某種東西一點點地潛入了我的心中，那即是認識到一種理想的人生潛力在這裡已變為現實了。男人的文化修養程度已達至最可能的水平，婦女的文化修養尤其高。我們在此見到的一切全能引起我內心熱烈的向往，全能令人深刻思考社會進化問題。（《榮格自傳》）

有修養的人會擁有一種獨特的氣質，這種氣質並非一日兩日就可以造就，而需要長期的努力和提升。

提高自身的文化修養也會讓個人獲得更開闊的視野，有助於保持一種豁達的心態和平穩的心境。

没有解不開的難題

我一直懷著這樣一種牢不可破的信念工作著，我堅信：從根本上說，不存在無法解決的問題，並且經驗也證實著這一點。（《金華養生秘旨與分析心理學》）

讓我們仔細回顧過去，是不是當初有些讓我們茶飯不思的問題到如今已可一笑而過？是不是有些困難和挫折自己就悄悄銷聲匿跡了？

榮格告訴我們，從本質上來說，没有解不開的難題。

我也經常看到某些人輕而易舉地邁過了能將另一些人毀掉的難關。在進一層的經驗中可以看到，我所說的這種邁過，包含在一種新的意識層次中，於是我們看到，有一種更高大更寬廣的前景從人的地平線上升起來了，隨著視野的開闊，從前無法解決的問題一下子變得無關緊要了。

這個問題並不是從它自身出發一步一步邏輯地解決的，而是一個嶄新而強大的生命驅使它悄悄隱退了。（《金華養生秘旨與分析心理學》）

倘若我們現在遇到了鉅大的挑戰，不要膽怯，不要絶望，想一想榮格的話。我們站得越高，看得便越遠，那困擾我們的問題說不定就不再是問題了。

堅持自我

但凡那些敢於堅持真理和堅持自我的人，都曾體會過遭人誤解的尷尬和純粹孤獨的痛苦，榮格自己就說過——

與弗洛伊德決裂之後，所有的朋友及舊識逐漸離我遠去。我的書被宣稱是一堆垃圾，但我已預見我的孤獨而且對那些所謂的朋友們不存在任何幻想。這是我事先就已全然考慮過的。知道現在任何事都瀕臨危險，而對我的非難我也嚴陣以待。有了這些瞭解之後，就能提筆再寫，縱然知道我的想法將不會被瞭解與接受。我很清楚「犧牲」這一章意味的就是自己的犧牲。（《心理的象徵與成功》）

當你遭受大部分人的質疑，當你面對親友們的誤解，當你即將品嚐孤獨的滋味，堅持自我就需要有極大的智慧和勇氣。

跟隨大眾主流輕而易舉，逆流而行、堅持自我才是最困難的事情。

堅持信念

我要以石頭那樣堅實的方式來袒露我的信念。（《榮格自傳》）

堅持我們的信念，最終一定會收獲豐碩的果實，但過程卻充滿艱辛和苦澀。

不屈不撓和全心投入的結果，沒人能瞭解，其實我祇有極度的孤寂。我擔負無法說明且極易被誤解的思想。（《心理的象徵與成功》）

唯有堅持信念才能活出精彩的人生，即使現在遭人誤解，受到輕視，我們也不該放棄自己的信念。

要是我問我一生的價值何在，那我衹能把自己拿來與過去的世紀進行量度，然後我就一定會說，對，它是有某種意義的。但是拿今天的觀念去量度，它卻什麼意義也沒有。（《榮格自傳》）

不要因為一時的困難而放棄信念，困難並不可怕，失去信念成為一個空虛的人才是可怕的。

敢於冒險

生活充滿了機遇，而那些敢於冒險的人即使最終失敗卻總會有所收獲。

有時候我們過於相信自己的理智，榮格下面的話也許能對我們有所啓發——

我們生活中充滿了非理性所能解釋的存在，而這種非理性教導我們，從不要忽視與放棄任何存在，即使我們所有的理論都不能解釋它們。

當然，這也會令人忐忑不安，因為我們不知道我們的羅盤是否指著正確的方向。但是，保險與安全，以及確信無疑，並不能引導我們去發現與探險……（《〈易經〉序

言》，轉引自《榮格之道：整合之路》）

不要做一個事事謹慎的人，畏手畏腳不會讓我們得到那些一去不返的良機。

該出手時就出手，敢於冒險才會獲得機會。

反省的意義

在我們這些人當中，有極少數的人與世隔絕，超脫世外，他們往往稟賦奇絕，意識的幅域比我們常人來得豐富，也來得廣——但這祇限於他們反省的能力沒有癱瘓時。（《東洋冥思心理學——從易經到禪》）

一個不會反省的人，即使取得了眾人矚目的成就，也難以保持和進步。

即使意識的雲彩可以達到最高的目的，一如在我們的掌握之中，但隨之而來的，不免是狂妄自大，腐敗自然隨著產生。我們唯一可靠且持久不變的收獲物乃是可持續增高、可持續增廣的反省能力。（《東洋冥思心理學——從易經到禪》）

反省會讓人謙虛，會讓一個處在風口浪尖的人冷靜下來。但我們切不可因此就高估反省的力量，榮格在教導我們學會反省的同時告誡我們——

反省之為物，它如不能在一切混沌、諸種極端中站穩腳步，而視自身為自足的目的，那麼，它也祇是一種限制而已。（《東洋冥思心理學——從易經到禪》）

先知而後評

生活中我們時常會遇到一些人，他們並不比別人懂得更多，卻總喜歡指手畫腳；他們學識疏淺，卻好為人師。

我沒有這類權威們的勇氣；他們由於無知和無能，而自認為是在理直氣壯地進行「批判」。（《性與夢——無意識精神分析原理》）

如果不對一個領域有較為深入的瞭解，又怎麼能做出中肯切實的評價？

我認為一個人首先要在所涉及的領域裡踏踏實實地下

幾年工夫，然後才能敢於去批判。這些不成熟的、膚淺的批評當然脫不開他的厄運。（《性與夢——無意識精神分析原理》）

先知而後評，不要自以為是，不要因為自己的無知和偏見而貽笑大方。

授之以魚 不如授之以漁

中國有句古話：「授之以魚，不如授之以漁。」面對萬千變化的生活，即使擁有再多的精力也難以全面體會，更無法應付所有的問題與挑戰。所以與其去研究每一種可能性，不如去學一些更有用的生活之道。

乞丐並不因為有人把手——無論是大是小——放在他手中而得到幫助，即使這可能正是他需要的。如果我們指點他怎樣才能通過工作使自己永遠擺脫乞討，他得到的才是最好的幫助。（《讓我們重返精神的家園》）

第四章

人生哲理篇

人生是一場奇妙的旅行，我們最終都將走到終點，但這通往終點的道路卻千差萬別、錯綜複雜。

不用擔心我們何時會來到終點，生命的意義在於我們能體悟到這場旅行的珍貴。

每個人的一生都是獨特的，沒有人願意糊塗地度過一生，所以不要拒絕這充滿意義的人生。

榮格說過，人的一生就像太陽的軌跡那般，慢慢升起後我們將達到人生的巔峰，隨後漸漸下落和消失。

可是，我們又該如何走完這一道生命的弧線呢？

聽一聽智者的教誨吧，人生充滿了哲理，如何度過一生完全掌握在我們自己手中。

人生的歷程

人的一生就如同太陽的軌跡那般，有起有落，完整的一生就應當是一道完美的弧線。

我們懵懂的童年就像是初升的太陽——

早晨，太陽從無意識的夜海中升起，俯視著寬廣明亮的大地。隨著它在天空的位置越來越高，它面前的大地也穩步地擴展開來。（《未發現的自我》）

我們從青年邁向中年的過程就是太陽漸漸升到最高點的過程——

它自身的升高造成了它的活動領域的擴展，在這個過程中，太陽將發現自己的意義，它會把升到可能的最高點——從而最廣泛地散播它的恩澤——當作自己的目標。帶著這種信念，太陽追隨著到達制高點的無法預見的軌道。無法預見是因為它的旅途是獨特的、個人的，而且它的頂點無法預先計算。（《未發現的自我》）

當我們步入晚年，一切又逐漸歸於沉寂——

在正午鐘聲敲響的時候，下降開始了。而下降意味著上午曾經珍視的所有理想和價值觀的逆轉。太陽陷入了與自己的矛盾當中，彷佛它不應當再發射光線，而是應當吸收光線。光和熱都逐漸減少，直至最終徹底消失。（《未發現的自我》）

太陽最終消失，我們也就完滿地度過了一生。

改變人生態度

生活中有些問題的出現其實不是外界的原因，相反原因很可能出於我們自身。

這些問題絕不可能通過立法、通過人的智謀來獲得解決。解決這些問題的辦法衹能是改變自己的人生態度。（《讓我們重返精神的家園》）

社會和集體是由人與人組成的，我們個人的幸福深受社會和集體的影響，倘若其中大多數人出現了問題，這個社會或者集體必定也會出現問題，而作為個人的我們又怎能幸福？

榮格告訴了我們如何通過一步步改變個人的人生態度，最終解決集體問題的過程——

這種態度的改變又不能借助於宣傳，借助於群眾性集會或借助於暴力。它祇能從個人做起：一開始是態度的改變，然後是個人喜惡的轉變，然後是人生觀和價值觀的變化。祇有這些個人的變化的積累，才可能造成集體問題的解決。（《讓我們重返精神的家園》）

改變自己的人生態度，變化的將不祇是一個人。

生命是永恒的

我向來覺得，生命就像以根莖來維持住生命的植物。它真正的生命是看不見的，是深藏於根莖處的。露出地面的那一部分生命祇能延續一個夏季。然後，它便凋謝了——真是一個短命鬼。（《榮格自傳》）

我們時常感嘆生命的短暫，歲月的無情。不過，如果我們換一種眼光來看待生命，就會發現生命其實是永恒的。

當我們想到生命和文明那永無休止的生長和衰敗時，我們實在無法不懷有絕對的人生如夢之感。然而，我卻從來不曾失去在那永恒的流動中有生存著並永不消逝的某種東西的意識。我們所看見的是花，它是會消逝的。但根莖，卻仍然在。（《榮格自傳》）

生命並不是那轉瞬即逝的夢幻，而是一種延續的存在。

生命的奇跡是自然對我們的恩惠，我們應該感激和敬畏；記住那永恒的存在，在最高的層次譜寫生命之曲。

敢於追求真理

歷史上人類文明的每一次進步，大都是由於一些人敢於追求真理，挑戰權威；相反，人類文明進程中的災難和悲劇，往往又多是因為一些人踐踏真理，藐視道德。

作為普通人，我們不是歷史的決策者，但在我們的生命歷程中卻同樣應該敢於追求真理。

當代社會就像五顏六色的萬花筒，我們很可能迷失在其中，無法探清各種事情的虛實。更有甚者極度追求權力和欲望，造成一系列心理和社會問題。

而榮格則很清楚地表明了他的觀點——

我關心的是探索真理，而不是個人威望的問題。（《榮格自傳》）

人們通常就是因為害怕承擔風險而放棄了對於真理以及公平正義的追求，殊不知——

一切事情都得冒點風險，而且也得為自己的信念表明立場。（《榮格自傳》）

毫無疑問的是在保存理智的前提下，追求真理永遠應該成為人們向上的目標和動力，在當代社會尤其如此，祇有這樣，一個社會才會健康發展，其中的個體才會幸福。

切勿祇顧追求身外之物

在這個物欲橫流、拜金主義至上的社會裡，我們是跟隨主流、竭力追求物質財富，還是聽聽內心的聲音？

無可否認，人的外在生涯可以日趨改善，漸臻完美，

但如果內在之我不能與之並駕齊驅的話，這些事物即毫無意義可言。滿足「必需品」，確實是幸福的源泉，其價值無法衡量。但假如內在之我從此出發，不斷要求，我們可以說：絕沒有任何外在的財物可以滿足此種要求。（《東洋冥思心理學——從易經到禪》）

祇顧追求身外之物的人永遠不會得到滿足，正如榮格告訴我們的那樣——

興趣完全外顯的人永遠不會滿足所謂的基本需求，他永遠不斷追求更多更好的東西，但由於他的成見使然，他所追求的這些東西永遠是在他之外。他忽略了：縱使他的生活表面上看來很成功，他的內心裡卻依然不變。因此，假如他擁有一輛車子，而多數人卻有兩輛，他就會因貧困不已而懊悔莫名。（《東洋冥思心理學——從易經到禪》）

不要祇看到外界那些數不盡的財富，追求物質享受的人不會真正快樂。一個人祇有內心得到滿足才會真正覺得幸福。

善與惡的哲學

善與惡永遠是我們津津樂道的話題，我們心中似乎都有所謂絕對的善和絕對的惡，榮格卻告誡我們——

倫理行動的標準已不再存在於這樣簡單的看法中，即善具有一種絕對命令的力量，而所謂惡則可以堅決地加以避免。認識到惡的現實性就有必要使善具有相對性，同樣，惡也會把二者改變成為一個矛盾的整體的兩半。（《榮格自傳》）

我們常常執迷於一種絕對的臆斷而忽視了這樣做的危害——

任何一種執迷或癮都是不好的，無論這種癮是酒、咖啡還是理想主義。我們必須警惕，不要認為善與惡就是絕對地對立的。

我們絕不應再屈從於任何東西了。甚至連善也一樣。我們要是屈從於一種所謂的善，那麼這種善便會失去其倫理的屬性。這樣做並不是說善有什麼不好，而是因為屈從於它可能會招來麻煩。（《榮格自傳》）

用辯證的眼光來看問題，也許我們應該改變思想，重新認識那些我們習以為常的事情。

履行生活職責

生活中，我們每個人都有自己應該履行的職責。我們有自己的親人要照顧，有自己的朋友要幫助，有自己的事業要努力。

在這方面，榮格便是我們的榜樣——

……我是以今生今世作宗旨的。無論我是如何執著或如何洋洋自得，我總是懂得，我正在體驗到的一切，最終總是歸結到我的這種現實的生活的。我決意要履行生活的職責並使生活的意義更臻完美。我的座右銘是：於此務須立即以真實行為昭示大眾，不可搪塞！（《榮格自傳》）

一個過於專注精神世界的人很有可能無法很好地融入現實生活甚至最終失去理智，這樣的例子在學術和藝術領域比比皆是。

因此一個注重精神層面的人必須在現實中有一個支撐點，才能避免在精神世界之中迷失。對於我們大部分人而言，家庭和事業便是我們現實生活中的支撐點。

幸福的生活少不了和諧美滿的家庭和穩定的事業，我們有時太執著於遙遠的事物，殊不知那「可望而不可即」的幸福就在我們眼前。正如榮格所説的——

我的家庭和職業向來總是一種愉快的現實，並且還是我確實過著一種正常的生活的保障。（《榮格自傳》）

可見，履行生活職責就是自己和他人幸福的源泉。

承擔使命

自己的使命是什麼？恐怕無數人都向自己提出過這個問題，而歷史上各個領域的傑出人物想必都曾對這個問題進行了深入思索。

我所寫的一切可以認為是內心所放到我肩上的任務，其本源是一件命中注定的不得不做的事。（《榮格自傳》）

使命就如同黑暗中的一盞燈，每個人身邊都有這盞尚未亮起的燈，而能否點燃它並在它的指引和照耀下前行，則需要每個人在生活中慢慢感悟和發現，所有人都不應該輕易忽略自己身上的使命感。

如果人生就像乘坐一輛公共汽車，那麼終點其實掌握在自己手中，擁有使命感便擁有了向上的動力和明確的目標。這就像榮格所說的——

我必須負起責任，我的命運結果如何完全取決於我自己。（《榮格自傳》）

之所以有些人時常感到迷茫，有些人遇到一點挫折便垂頭喪氣，有些人一生過得渾渾噩噩，就是因為他們缺少承擔使命的勇氣；相反，一個人一旦認清了自己的使命，世界對於他必會從此不同。

如何與罪惡抗爭

罪惡猶如病菌，倘若我們不及早發現並且全力遏制，它便可能四處滋生蔓延。

我們的世界上有許多罪惡，而歸根結底這些罪惡潛伏在我們每個人身體裡，我們有些人也許還沒有意識到，有些人卻已經邁出了第一步。

如何與罪惡抗爭，如何保護我們自己不被這些罪惡所吞噬，是我們應該重視的問題。

榮格對此有過確切的評述——

這個世界上的許多罪惡，倒的確來源於人們普遍地處於無可救藥的缺乏意識，而隨著日益增長的洞察和自知，我們也確實能夠與這些罪惡在我們身上的根源進行鬥爭，就像科學也能以同樣的方式保證我們能夠對付外來的傷害一樣。（《讓我們重返精神的家園》）

提升自己的洞察和自知，通過自我反省來審視自己的言行，我們就可以對這些罪惡的種子及早扼殺。

要想得到對惡的問題的答案，而這個問題今天已經提了出來，個人首先且最重要的是需要有自知之明。（《榮格自傳》）

反觀一些沒有意識到罪惡的危險性的人，他們沒能夠和罪惡進行抗爭，反而自取滅亡，最終淪為罪惡的奴隸。

人生之「道」

榮格十分尊崇中國的道家哲學，認為這是一種整合的哲學。

道家形成了具有普遍性的心理學原則……最大而又幾乎不可逾越的困難在於用什麼樣的方式與途徑引導人們去獲得那不可缺少的心理體驗，能夠正視與面對潛在的真理。這種真理是統一的，並且具有一致性。我祇能這樣說，道家是我所知道的對這一真理最完美的表達。（《榮格書信集》第一卷，轉引自《榮格之道：整合之路》）

其實我們不必用那些高深的哲學思想去指引我們的生活，但追求生命的意義卻是我們每個人都應該做到的。

我知道我們的潛意識充滿著東方的象徵。東方的靈性確實就在我們的門口。因而，我總是覺得對道的求索，對生命意義的求索，在很大程度上已經屬於我們的一種集體現象，儘管人們對此還沒有足夠的認識。（《人、藝術和文學中的精神》）

矛盾中求統一

如果我們可以看到事物的兩面，如果我們可以認清事情的利弊，那麼便不難發現，走向極端往往會導致片面的觀點。

東方人從來不缺乏對矛盾體以及一切生命體內部與生俱來的兩級性的認識。對立面之間總是相互平衡的——這是高級文化的一種象徵。衹執一端是野蠻的標誌，儘管這一端也會借助其他的力量。（《金華養生秘旨與分析心理學》）

在矛盾中求得統一可以幫助我們解開那些長期困擾我們的心結，也有助於我們擁有沉穩平和的心態，積極樂觀地面對生活。

切忌刻舟求劍

人類總是易於忘記這樣一個事實，好的東西並不能永遠都是好的。他總是遵循那些曾經十分有效的古老方式，然而，很久以後，它們早已變得對他十分有害了；衹有經過極大的損失，遭受難以言說的痛苦後才能消除這種錯

覺，才能使他意識到，過去好的東西或許現在已經變得陳舊，不再具有好的品質了。（《心理類型學》）

是啊，要想拋棄以往已經過時的觀念非常不易——

無論在瑣碎小事還是在重大事件上都是如此。這種孩提時代的方法和習慣，這種如此崇高的善，甚至當它們的危害已被長久地證實，人們也幾乎難以拋棄它們。（《心理類型學》）

我們已經不能用一成不變的眼光來看待我們自己和這個世界了，放下那些陳舊過時的觀點吧，不要做一個守舊的老古董。

切忌盲從盲信

在我們的時代，最可怕同時也最可悲的事情莫過於盲從盲信。

皇帝的新衣這個故事我們已經耳熟能詳，人們因為害怕權威所以拒絕真相，壓抑自己的懷疑。

榮格對於盲從盲信的心理有過一針見血的分析——

實際上，所有這些小團體都懷疑自己獨占的真理，所以他們才坐到一起，不斷重複同一東西，直到大家都信以為真為止。盲從盲信往往是懷疑受到壓抑的標誌。（《分析心理學的理論與實踐》）

的確，對有些事情我們常常因為眾口一詞而不敢提出反對意見，最後自己也信以為真。

其實我們祇需保持一個開放的心態和懷疑的態度，就能很容易地做到不盲從盲信，擁有自己獨立的觀點。

未雨綢繆

生活是複雜多變的，因為我們人類自身就變幻無常，沒有定數。

我們倘若可以做到未雨綢繆，就能避免許多發生在我們身上和周圍的意想不到的危險。

對所有的危險情況來說，祇有當我們清醒地知道究竟是什麼東西向我們迎頭襲來，這種危險來自何處、何時降臨以及如何侵害我們的時候，我們才能夠想方設法抵禦這種精神傳染病。（《未發現的自我》）

我們就如同行駛在大海中的輪船，唯有知道在什麼地方會出現冰山，什麼時候又會刮起颶風，才可平穩地駛向那個溫暖幸福的港灣。

人性的力量

有時我們過於強調和擔心人性的陰暗面，以為憑此就足以讓我們對人性徹底否定和失望。榮格卻告訴我們——

我們對那荒唐的恐懼讓步得太多了。這種恐懼顯得好像我們每個人真的都是令人不能容忍的人，好像每個人都成了遲早要發生的可怕的社會災難。

現在有許多人將人的永不知足、無政府主義、貪婪不滿的因素專門看做是人的「本性」，以為人的「本來面目」就是如此，完全忘記了這同樣的人也建立了牢固的、穩定的文化形式，它比所有無政府主義的潛流都要強固和穩定得多（人生存的基本條件之一就是他的社會性強固，如果不是如此，人性就要終止）。（《性與夢——無意識精神分析原理》）

其實我們每個正常人都希望能在一個充滿秩序的社會

中幸福生活，而不是寧願去破壞這種秩序。

實際上正常人是有公德心和道德的。他創造了法律並遵守它，並不是因為這些是從外部強加於他的……而是因為他愛法律和秩序勝於愛無秩序和無法律。（《性與夢——無意識精神分析原理》）

學會精神自立

一個新式的、智力發展的人，有意識地或無意識地努力控制自己，並且在道德上願用自己的雙脚站立，他寧願把舵輪掌握在自己的手中。他會埋怨，這操舵的工作由別人做的時間太久了！（《性與夢——無意識精神分析原理》）

似乎有太多的人不停地告訴我們應該做些什麼，脚下的路如何行走。

我們耐心傾聽，卻不甘亦步亦趨，人云亦云。

他願意去瞭解，換句話說，他願意作一個成年人。由別人引導是太容易了，但這在今天不再適合於有知識的

人，因為他們感到這個時代的精神要求他們實行精神自立。（《性與夢——無意識精神分析原理》）

精神自立就是思想的自立，人格的自立。

讓自己變得強大起來吧，唯有這樣才能實行精神自立。我們渴望自己做自己的主人，而不是活在別人的陰影之下。

面對現實

當我們遭遇到了意想不到的事件，很容易便會逃避現實，變得失落和消沉，遁入自我的世界，就如同一個受到指責的小孩。

厭惡面對嚴峻的現實是這種幻想的突出特徵。其缺乏審慎性、嬉樂性，又有時誇大困難，總是想出一些怪誕的方法逃避現實生活的需要。在他們中，我們立刻能覺察出兒童對待現實的那種狂妄精神狀態，他的不可靠的判斷力，他在環境中定位能力的缺乏，他對大人的責任感的憎惡。（《性與夢——無意識精神分析原理》）

榮格告訴我們倘若長期如此，最終會完全脫離我們生活的世界。

帶著這樣幼兒的心理狀態，各式各樣希望的幻想和錯覺都能蔓延滋長，這就是危險所在。由於這些幻想，人們很容易滑到非真實的、對世界完全不適應的狀態，它或遲或早必導向災禍。（《性與夢——無意識精神分析原理》）

無論現實是多麼殘酷，我們都不應該選擇逃避，這並非長久之道，面對現實才是智者的選擇。

接受生活的不確定性

生活就像是風中的氣球，不停地搖擺飄蕩，我們好像永遠也抓不住它。想一想我們生活中發生了多少意想不到的事情吧，似乎我們也祇能做個事後諸葛亮。

生活就是這樣難以預料，充滿變數，總會讓我們感嘆世事的無常，就連榮格這樣的思想者也不得不承認——

出人意料及難以置信的事物在這個世界有的是。祇有

到了這時，生活才是完整的。對於我來說，從一開始，這個世界就是無窮的和無法把握的。（《榮格自傳》）

生活就是充滿了不確定性，這才是五彩繽紛的生活的本來面目。我們不能確定所有的事情，因為——

我們必須明確，對於超出我們理解範圍之外的事物，我們是沒有可能確認的。（《榮格自傳》）

生活在這種不確定當中，我們衹有對自己是確定的，才能不至於迷失在生活的漩渦之中。

不要因為存在這種生活的不確定性，我們就把責任推到生活之上，任憑自己隨波逐流。正相反，我們一旦接受了生活的不確定性，就應該努力讓自己適應這種不確定性，抓住那些轉瞬即逝的機遇，面對生活當中複雜的挑戰。

不要忘記過去

每個人都擁有自己的過去，每個國家也擁有自己的過去，我們整個人類文明也擁有自己的過去。

有了過去的基礎才有今天的成就，才有未來的一切。但我們卻時常忽視了和過去的聯繫，造成了今日的混亂：

正是由於失去了與過去的聯繫，正是由於失掉了「根」——這種情形才造成了人們對文明的種種「不滿」，造成了這樣的慌慌忙忙——我們才不是生活在現在而是生活在未來，生活在未來那黃金時代的虛無縹緲的許諾裡——祇可惜我們的整個進化背景卻仍然未能跟得上去。（《榮格自傳》）

如果我們失去了根基，又怎能成長為一棵參天大樹？

我們的父輩和祖先尋求的是什麼，我們對此瞭解得愈少，對我們自己瞭解的也就不會多，這樣我們便無疑在盡我們的一切力量去幫助斬斷維繫住個人的各種根及其指導性的天性。（《榮格自傳》）

過去不是用來遺忘的，而是用來借鑑和學習的，每個人都不能割斷和過去的聯係。

也許有時候我們感到迷茫疑惑，也許有時候我們找不到生活的出路，也許有時候我們失去了前進的目標和動力，那麼不妨回顧一下過去，看一看過去能教會我們什麼，可能便會茅塞頓開。

當我們面對貧窮

也許我們已經品嚐過囊中羞澀的滋味，也許我們也曾遇到過那些經濟拮據需要幫助的人。貧窮可能發生在我們每個人身上，也可能出現在我們的身邊。

即使我們已經生活穩定、收入有餘，也不要鄙夷那些出身貧寒遇到困難的人，榮格回憶道——

我同情出身窮人家庭的同學，因為他們也像我一樣，來自默默無聞之處。（《榮格自傳》）

貧窮並不可恥，貧窮可能會讓一個人在一段時間裡感到無助和痛苦，但祇要一個人內心堅強，那麼貧窮也並不可怕，這就像是榮格所說的——

我發現了，貧困對人並無妨礙，也遠不是產生痛苦的主要原因，有錢人的孩子並不比衣衫破舊的窮孩子有什麼優越性。幸福與否有著遠更深刻的原因，而不是取決於一

個人口袋裡裝有多少錢。（《榮格自傳》）

富足可能會導致一個人的墮落，相反，貧窮則可能教會一個人懂得節約。

我絶對忘不了這段窮困的時期，一個人這時便懂得了珍惜價錢便宜的東西。（《榮格自傳》）

貧窮不是我們向生活低頭的理由，不是我們自暴自棄的借口，而應該成為我們奮鬥的動力。

當我們面對自己的貧窮，不要氣餒、不要妥協，而要加倍努力地生活。當我們面對他人的貧窮，不要嘲笑、不要幸災樂禍，而應該盡自己的力量伸出援助之手。

儘量客觀看待問題

我們祇看到從我們自己出發所最易見到的東西。因而我們最先的舉動是薄於責己而厚於責人。毫無疑問，別人的小毛病確實存在著，但是自己身上的大缺陷也確實存在。（《心理類型學》）

我們每個人總是習慣於從自己的視角看待問題，而我們的主觀看法就像一塊幕布似的遮住了真實的情況。

完全客觀地看待問題似乎也是我們無法做到的——

那種使他衹是客觀地看待問題的要求完全不值得一提，因為那是不可能的。假如我們也不過於主觀地看待問題，那我們就十分完滿了。（《心理類型學》）

我們應該學會儘量客觀地看待問題，不要讓自己的情緒和欲望左右我們的洞察，不要因為自己的主觀臆測而誤解他人，這樣我們便可以更加輕鬆地處理生活中的問題。

不要逃避自我

經歷了世事的變故和人生的起落，我們終於明白了自己才是自己最大的敵人。

可是我們卻總是在逃避自我，不敢面對那個真實的自己，就如同榮格所述——

人們應該知道，不僅神經官能癥患者，而且每個人都自然而然地不情願（除非他缺乏洞察力）尋找自己任何煩惱的根源，而情願在時空上將這些根源同自己隔得盡可能遠些，否則他就得為自己向好的方面轉變冒險。與這種冒險相比，將罪名推到別人頭上，或者當錯誤不可否認地在自己一方時，至少認為這祇不過是剛剛萌發的錯誤，而且他也是身不由己，這似乎是更為有利些。（《人格的發展》）

我們就像一隻風箏，隨風搖擺，卻不敢自己抓住那根決定命運的線。

幸福掌握在我們自己手中，如果我們連自己的缺點和錯誤都不敢面對，又怎能獲得它呢？

生活就是戰場

經歷了酸甜苦辣，我們方才領悟到：生活就是戰場。

沒有什麼是一成不變的，生活亦是如此，我們不能奢求生活始終賜予我們幸福和快樂，因為——

令人沮喪的是，人類真正的生活乃是由無情對立的情感所組成——日和夜，生和死，幸福與災難，善與惡。我們甚至不能肯定誰能壓倒誰，善良是否能戰勝邪惡，或

快樂能否戰勝痛苦。生活就是戰場。它過去一直是這樣，將來也會是這樣；否則，生活就會結束。（《人及其象徵》）

所以我們不用抱怨命運有時為何如此殘酷，也不必感嘆世事的無常，因為這就是生活，戰場一般的生活。

但我們無須要分出誰勝誰負，一切也本無勝負之分，珍惜我們的生活，感悟生活的真諦，這就是最大的幸福。

生活要有目標

我們一定都曾體會過，那種沒有目標的生活是多麼枯燥乏味和令人絕望。

我觀察到，一種受到引導的生活與毫無目的的生活相比，通常會更好、更富足、更健康；順著生活的潮流走比逆著生活的潮流走要更好。（《未發現的自我》）

生活若是沒有目標，我們就會生活在一片虛無之中，好像不曾生活過一般。然而——

人類的主要目的並非是吃、喝，而是要成為「一個人」。（《心理的象徵與成功》）

生活的目標應當是充滿意義的，這樣才有為之奮鬥的動力和信心，像榮格這樣的思想者更是從小就已經確立了自己一生的目標——

從十一歲開始我就投身於我那「偉大的事業」裡。我的一生祇有一個理想和目標：那就是透視人世的秘密。我所有的研究及作品皆與此主題相關。（《心理的象徵與成功》）

要想在垂暮之年不後悔當初，我們就應該從現在開始確立自己生活的目標，朝著目標步步前行。

人需要不斷進步

人需要不斷進步，生活是一場激流，逆水行舟，不進則退。

我永遠不能在取得的成績面前停下來，我不得不趕緊

追上我的想象力……我不得不服從一個內在的法律，它強加在我身上，而且不留給我自由選擇的餘地。（《榮格自傳》）

所有偉大的心靈都曾朝著他們的目標不斷進步，對他們而言，似乎命中注定必須如此。

榮格甚至將這種自我激勵的力量比作一個「惡魔」：

我心中有一個惡魔，最終表明它的存在是確確實實的，它征服了我，如果我有時冷酷無情，那是因為我處於這些惡魔的控制之下。（《榮格自傳》）

堅持就會勝利，人需要不斷進步，其實那生命的最高峰就在不遠的地方等待著我們。

把握自己的命運

常言：「三分天命，七分人為。」

的確，命運有時不是我們能預測和控制的，但如果我們因此就認為有理由在命運面前畏縮不前，則是一種刻意的逃避。

構成生命強度的命運，它的一切個人紛擾和戲劇性變化都僅僅是遲疑、膽怯的退縮，幾乎就像是小小的混亂和捏造出來的謹小慎微的借口，用以避免面對這陌生或不可思議的結晶過程。（《心理學與煉金術》，轉引自《榮格崇拜：一種有超凡魅力的運動的起源》）

其實我們的生活永遠是圍繞著命運之路而進行，我們時常會有這樣的感受：

人們往往有這樣的印象，個人的心理正圍繞著這個中心點跑，就像一隻膽小害羞的動物一樣，馬上就嚇得魂飛魄散，不知所措，往往還逃之夭夭，同時卻又有規律地聚集得更緊密。（《心理學與煉金術》，轉引自《榮格崇拜：一種有超凡魅力的運動的起源》）

看來我們沒有必要逃避命運的眷顧。把握自己的命運吧，因為這是上天賦予我們的責任。

突破自身的局限性

我們有時就像是井底之蛙，以為我們所瞭解和知道的事物就可以代表全世界，其實並非如此，我們不妨聽聽榮格是如何回應我們的——

人類從來未曾充分地認知任何事，或者完全地瞭解任何事，祇要你細思片刻就會相信我所言不假。人能看、聽、觸摸、品嚐，但無論看得多遠，聽得多清楚，憑觸摸所告訴他的，以及嘗試的是什麼，完全要看他的感官特性而定，這限制了他認識圍繞在他周圍的世界。（《心理的象徵與成功》）

榮格相信，人們祇憑感官和儀器設備是無法認識全世界的，世界遠比我們已經觀察到的要深邃得多。

要想突破我們自身的局限性，就需要更透徹地洞悉事物的本質，這就需要依靠心靈的力量。然而——

每當我們必須赤裸地面對一些內在的經驗或是本質時，大多數人的反應就是驚慌地逃避。（《心理的象徵與成功》）

解放我們的思想吧，讓感覺在身體裡自由流淌，突破自身的局限性，勇敢地面對這個充滿謎團的世界。

真正的財富是自己

真正的財富是自己，你要認識到你的潛能是無限的。

祇有我們知道真正重大的事物是否是無限的，我們才能避免把我們的興趣集中在徒勞的活動上，集中在各種各樣沒有真正意義的目標上。

因此，我們要求世界承認我們的個人財富：我們的才能或者我們的美。（《榮格自傳》）

不要去過分追求那些物質財富，物質的富足並不是我們人生的最終目的。

人越強調虛假的財富，他對本質的東西就越缺乏敏感性，而他的生活也就愈加不能令人滿足。因為他祇有有限的目的，他就覺得受到了限制，結果造成了羨慕和嫉妒。（《榮格自傳》）

認識自己，成為一個完整的人，發揮自己的潛能，我們不應該受到那些沒有意義的欲望的誘惑，要記住真正的財富是自己。

發現自己的才能

有人說：「每個人都是天才。」其實，每個人都有自己潛在的與眾不同的才能，祇是並非每個人都有機會和意願發現而已。

如果我有種藝術天才，但我的自我並沒有意識到，那有等於沒有，這稟賦可說不存在。祇有在自我注意到它時，才可以使它成為實際。（《心理的象徵與成功》）

榮格對此有過很貼切的比喻，他說——

山松的種子，以潛在的形式，包含整棵未來的樹。但每棵種子在特定的時間掉落在一個特定的地點上，這個地點有許多特別的因素，諸如沙和石的品質、斜坡地，暴露在太陽和風中。潛在種子內的松子全體會對環境起反應：回避石塊，而傾向陽光，結果樹的生長已形成。因此，個別的松子慢慢地長出，構成整體的條件，它進入實際的領域。（《心理的象徵與成功》）

發現自己的才能，讓天賦的種子慢慢發芽成長，一切都不晚。

發展個人興趣

個人的興趣在今天已經很大程度地為集體興趣所占據，因而幾乎沒有空閒有益於個體文化的發展。所以，我們今天具有一種高度發展的集體文化，在結構上這種永久的存在遠遠超越了一切東西，然而正是由於這種原因它才日益變得有害於個體文化了。（《心理類型學》）

榮格直接向我們指出了今天我們個人興趣的欠缺。

發展個人興趣就像是在雕琢一件唯美的藝術品，這件藝術品並不是要拿去販賣，而是作為我們一生的珍藏，個中滋味衹有親自體驗的人才能品嚐到。

倘若我們衹是注重集體中的作為而忽略了個人興趣的發展，人生並不會完整和幸福。

在這裡，一個人應有的東西與他所表現的東西之間，在能力與功能之間存在一條鴻溝。由於犧牲了他的個性，他的功能才得到了發展。分離的功能確實為他獲得了集體存在的可能性，但是卻沒有使他獲得衹有個體價值的發展才能給予他的那種生命的滿足和快樂。這些東西的缺乏常使人感覺到某種東西可怕地喪失了。（《心理類型學》）

當然我們也不用因為個人興趣的發展就忽略了集體中的樂趣，其實二者的和諧統一並沒有想象中那樣困難。

敞開心靈

世界無比宏大，充滿了各種各樣的未知，我們如果能夠敞開心靈，就會體會到世界的廣博和生命的樂趣。

祇有一種包羅萬象的人性、一種洞察全體的博大精神，能夠使他面對一種深相悖異的精神，毫無保留地敞開自己，並通過以自己的種種天賦和才能為它服務來擴大其影響。（《讓我們重返精神的家園》）

那些將自己的心靈封閉起來的人是不會成為一個真正意義上完整的人的，他們害怕外界的新事物，害怕所有的未知和改變。

所有平庸的精神接觸到外來文化，不是夭折於放棄自己的盲目企圖，就是沉溺於不理解和批判的傲慢熱情。（《讓我們重返精神的家園》）

敞開心靈，拒絕平庸，我們便獲得一個更完滿的人生。

勤於思考

有人說我們的生活毫無意義，那是因為我們從未思考過生活還有哪些沒被發現的意義。

生活是瘋狂的，同時也充滿著意義。如果我們不對它的一面加以嘲笑，而對它的另一面加以沉思，那麼生活便極其單調乏味，一切事物都被減至其最小的限度。於是既沒有什麼意義，也沒有什麼無意義。（《心理學與文學》）

思考的力量是鉅大的，它能幫助我們接近自己的本相，也能幫助我們接近這個世界的本相。

倘若我們從未仔細思考過那些困擾我們的問題，倘若我們從未嘗試要解釋那些我們不瞭解的事情，那麼就會像榮格所說的——

哪裡沒有人思考，哪裡也就沒有人對發生的事情進行解釋。祇有我們不明白的事物才有意義。人們在一個他們所不理解的世界中醒來，這就是他們想要解釋這個世界的

原因。（《心理學與文學》）

勤於思考，發現我們生活的意義，不要拒絕那些早已等待著我們的幸福。

回顧過去 迎接未來

時間是一曲流動著的音樂，一個音符接著一個音符不停地流淌。新的音符隨著上一個音符而來，下一個音符讓我們滿懷期待。

如果有人借助退回過去來回避新鮮的陌生的東西，那麼他就會陷入神經癥的狀況。如果有人衹接受新東西而背離過去的話，結果也是一樣。唯一的區別是，一個人疏遠的是過去，另一個人疏遠的是未來。從原則上講，兩個人在做著同樣的事。（《未發現的自我》）

其實，這曲優美的音樂中每一個音符都有它的意義，無論是剛剛消逝的，還是即將到來的，衹有聆聽到一首完整的歌曲，我們才能充分瞭解它的意義。

有時我們把自己深深地埋在過去，好像從來沒有注意到真實的現在和美麗的未來。

過去給予我們的一切東西都要適應未來的可能性和要求。我們把自己局限於力所能及的事情，這就意味著放棄其他一切潛力。一個人失去了一部分寶貴的過去，另一個人失去了一部分寶貴的未來。（《未發現的自我》）

細心地回顧過去，自信地迎接未來，讓自己在時間的音符中優游，我們才能發現生活的無窮奧秘。

承認我們的渺小

我們總是以世界的主人自居，然而，大多數時候我們連自己都控制不住。

該如何轉換西洋人的心靈，讓他們放棄一些令人毛骨悚然的技術。拆穿他擁有力量的幻象，遠比強化他錯誤的觀念，認為他可以隨心所欲，為所欲為，要重要得太多了。在德國，我們會聽到一種滾瓜爛熟的口號「有意志處即有路」，這句話已經導致千百萬人付出生命。（《東洋冥思心理學——從易經到禪》）

榮格告訴我們應該承認我們的渺小，承認我們並不是萬能和完美的。

他應該知道：他所做的，可能不像所想的那般吻合無間。假如他不瞭解這點，他的本性將會摧毀他，他不瞭解他自己的靈魂會用謀殺的手段背叛他。（《東洋冥思心理學——從易經到禪》）

承認我們的渺小，不是因為自輕自賤，而是因為祇有如此我們才能不斷激勵自己進步。

努力生活

榮格剛滿二十歲時父親便因病離世，但榮格並未因此一蹶不振，反而更加努力地開始生活。

如今，我感到許多舊時光不可阻擋地成為歷史。同時，內心中升起了一種剛毅與自由。父親離開後，我搬進了他的房間，替代了他在家庭中的地位。例如，我每周必須給母親一筆家庭的開銷，因為她沒有收入來源，她掙不了錢。

我必須努力學習，掙錢，擔負責任，應付累贅，解決混沌，糾正錯誤，謙卑屈從，承受挫敗。（《榮格自傳》）

當遭受打擊時，我們會習慣性地渴望逃回過去，但榮格卻從未止步不前。

暴風雨定期將我往後推，不停地使我回顧過去，正如不停地追蹤我們的腳步。它運用有力的「水泵」，貪婪地吸著包含在其中的一切；我們衹能通過奮力向前，才能暫時地從中逃脫。過去是可怕的事實和存在，它糾纏住每個不能以合宜的方式安然逃脫的人。（《榮格自傳》）

衹有經歷 才會懂得

有些事情，衹有經歷過，才會真正懂得。

沒有經過自己情緒地獄的人從來不會戰勝它們……無論什麼時候我們放棄了、遺留了、淡忘了太多，我們總是會面對這樣的危險：我們所忽略的事物將會帶著更多的力量再次出現。

至於我，是沒有解脫的。我不可能從我不擁有、我沒有做過或者沒有經歷過的任何事物中解脫出來。對我來說，祇有當我已經做了能夠做到的、祇有當我已經完全傾注於某件事並且在最大程度上參與進去時，真正的解脫才有可能。（《榮格自傳》）

有時候僅憑道聽途說並不能讓我們增長見識，真正去體驗和感悟方能成長。

我有很好的理由不將自己沉浸於某段特定的經歷。但是，如果這樣，我不能不承認自己的無能，同時我一定知道我也許已經疏忽了一些至關重要的事情。（《榮格自傳》）

第五章

生活智慧篇

如何教育自己的子女？如何面對婚姻問題？如何能擁有一個充實快樂的生活？

生活中大大小小的問題讓我們焦灼不安、無從下手。

其實，幸福的生活需要用心去經營，生活的智慧需要我們不斷學習和積累。

可曾想過一次美妙的旅行就能讓我們不再沉迷於痛苦的過去？

可曾知道其實忙碌的人反而會更快樂？

想要幸福快樂地生活並不難，祇要我們願意去把握自己的生活，而不是逃避現實，躲在自己的世界中。

讓我們一起聆聽榮格告訴我們的生活智慧吧，用心去感悟智者的感悟，用行動去尋找我們的幸福。

如何擁有和睦的家庭生活

現代人在面對社會和職業上的挑戰的同時，還必須面對家庭中的矛盾和糾紛，如何擁有和睦的家庭生活呢？

榮格對於傳統印度家庭的描述可以讓我們有所思考和借鑒。

教養良好的印度教徒都有濃厚的「家中小孩」或「好兒子」的性格，他知道他必須和母親好好相處，更重要的，還有曉得該如何做。而從印度婦女處，我們得到的印象也大抵差不多。她們努力研習，形成一種謙恭有禮、內斂自抑的風味，我們當下就有種感覺，覺得眼前相處的人極有教養，也極合社會禮俗。（《東洋冥思心理學——從易經到禪》）

家庭生活和睦與否將直接影響一個人的情緒和心境，作為家庭中的一員，互相關心和謙讓是應盡的責任。

不要將社會生活中的負面情緒發泄在家人身上，因為家庭是我們避風的港灣，家人是我們最親的人。

關於兒童的教育

兒童成長過程中受到何種教育將直接影響他們日後的生活，我們需要重視兒童的教育問題。那麼，作為教育工作者，又該如何用恰當的方法對兒童進行教育培養呢？

榮格告訴我們——

教師不能僅僅滿足於將全部書本知識灌輸給兒童，還必須以自己的人格來影響兒童。教師作為一種人格影響力，便面臨著既要避免向孩子施加壓制性的權威，又要擔負施展那種適合於成人對待兒童的恰如其分的權威這樣一種艱鉅的任務。（《人格的發展》）

學校是兒童除了家庭以外接觸到的第一個環境，也是一個小小的世界縮影，學校擔負的職責便尤為重要。

成功不取決於方法，也不是僅僅把知識填充到兒童的大腦中作為學校生活的唯一目標，而是把兒童培養成真正的男人和女人。（《人格的發展》）

兒童的教育者應該以身作則，用自己的行為去影響兒童，而不能光依靠言語來引導兒童。

一個優秀的教育者應該是什麼樣的呢？

他自身必須正直、健康，因為好的榜樣是做教師的最佳方法。（《人格的發展》）

我們回顧自己的過去，那些曾讓我們感動的老師總會浮現在眼前，我們一生都難以忘懷。

兒童就像一朵稚嫩的花蕾，家長和教師應該成為這朵花蕾的守護者和栽培者，這樣這朵花蕾才可能盡情綻放。

對待孩子不能如同對待成年人

孩子就像是一株嬌嫩的小草，需要精心呵護和培養，對待孩子不能如同對待成年人那樣。

因而你們應該謹慎，不要把成人心理應用到兒童身上，不能像對待成人那樣對待兒童。總之，這項工作絕不像成人工作那麼系統。（《人格的發展》）

我們時常喜歡給孩子講述一些大道理，可是孩子並不是成年人，並沒有成年人那樣的理解力，榮格告訴我們：

尤其重要的是，教育者應該知道空談和非正式的訓練衹能導致失敗。（《人格的發展》）

我們也許很難揣測孩子的心思，但衹要善於觀察，就能發現其實孩子需要的衹是恰當的關心和正確的引導。

育人先育己

當我們成年人想要去教育一個孩子，最好的方法莫過於以身作則。

有時候，並非是孩子頑皮不可教，而是我們自己本身並未領悟我們想要傳授給孩子的道理。

教育別人的最好方法就是使教育者自身先受教育。如果我們希望改變孩子身上的某些東西，我們首先得看看它們是否能夠在我們身上被改變。將熱情當作教學法，無異於張冠李戴。也許我們尚未真正瞭解誰需要教育，因為令人難堪的事實卻是我們本身在很多方面仍很幼稚，仍需要接受大量教育。（《人格的發展》）

己所不欲，勿施於人，對待孩子更要如此。

其實，如果我們先把我們自己的問題解決，那麼教育孩子就會容易許多。

讓孩子學會自立

作為父母，都希望自己的孩子永遠幸福快樂，也都在自己的孩子身上傾注了溫暖的愛。

可是很多父母卻因為過分溺愛孩子，反而造成了孩子的不幸。

對兒童來說，雖然失去父母是不幸的，但家庭的過緊束縛，同樣是危險的。（《人格的發展》）

榮格作為心理醫生，發出了這樣的警告。

對父母過分強烈的依賴，會嚴重地妨礙其今後對整個外部世界的適應。因為對一個成長著的人來說，他並非注定永遠祇是父母的孩子。許多不幸的父母總是讓他們的孩子保留著稚氣，因為他們不希望自己變老並放棄做父母的威嚴和權力。這樣，他們就對子女產生了極其惡劣的影響，因為他們剝奪了孩子們承擔個人責任的一

切機會。（《人格的發展》）

父母對於孩子的束縛雖然可能是出於對孩子無私的愛，但卻適得其反，這對孩子的影響也顯而易見。

這些災難性的培養方法，或者導致依賴性的人格，或者導致一些衹有靠不正當手段才能獲得獨立性的男女。（《人格的發展》）

愛不等於溺愛，父母對孩子的培養不應該衹是一味地束縛和遷就，應該讓孩子學會自立。

雛鳥早晚都會長大，一旦它們飛離巢穴就必須獨自面對弱肉強食的世界。父母培養孩子的目的也不該是將他們永遠拴在身邊，而要讓他們走出去在風雨中成長。

讓孩子自由發展

我們常常可以看見一些父母因為「望子成龍、望女成鳳」，在孩子很小的時候便開始對他們進行「全面」培養，期望他們長大後能多才多藝、出人頭地。

可是難道我們沒有看到，有許多天才兒童正面臨著同樣的遭遇，他們不是被填鴨式地進行著這種不合時宜，於其毫無益處的升華嗎？如果在這個年齡，人們就助長這種升華，那麼，他們就祇能是在加重一種神經官能癥。（《人格的發展》）

榮格告訴了我們這種做法的弊端。孩子處在成長階段，父母培養孩子的興趣和愛好卻忽略孩子自己的喜好，無視孩子自身的意願而強制進行多方面教育，勢必會壓抑孩子的情緒,影響孩子的發展。

孩子就像是一棵小草，成長的過程中需要父母給予的養料，但若是拔苗助長就不僅不能幫助孩子發展，反而會讓孩子脫離正常的成長軌跡。這就會——

壓制兒童的想象力，從而阻止了任何秘密幻想在他們身上的發展，激不起兒童對這些問題的好奇。結果，思想的自由發展便受到阻礙。（《人格的發展》）

當然，父母讓孩子自由發展並不是說對他們放任自流、不管不問，而是要耐心聽取孩子自己的想法，細心觀察孩子的喜好，再來決定應該如何培養孩子。

給孩子一個完整的家

不良的婚姻會對孩子的一生產生影響，榮格的父母在他很小的時候便出現了婚姻問題。

我因為全身濕疹而痛苦難當……我的病肯定和我父母之間的一段短暫分離有關。我母親在巴塞爾的一家醫院待了幾個月，她的病與婚姻中的困境有關……（《榮格自傳》）

成長中的孩子需要一個完整的家，父親和母親之間的不和睦會給孩子以後的生活帶來各種心理陰影。

母親的離去使我深深地感到痛苦。從那時起，有人一講「愛」這個字，我就有一種不信任感。在一段相當長的時間裡，「女人」在我心中引起的是一種固有的不可靠的感覺。而「父親」卻意味著可靠和——沒有權力。我就是帶著這樣的精神創傷開始人生之行的。（《榮格自傳》）

給孩子一個完整的家，讓孩子明白愛的意義是什麼，這是為人父母都應該盡力做到的。

做一個好父親

做一個好父親，成為孩子的好榜樣，這是每一個父親都希望做到的。

而父親的權威如若不善加利用，會適得其反，給孩子造成心理壓力。

這些討論激怒了父親，使他感到悲傷。「喔，你在胡說，」他習慣於這樣對我說話：「你總是想著思考。其實一個人需要的不是思考，而是信服。」我會這樣想：「不，一個人必須經歷和體驗。」（《榮格自傳》）

榮格在少年時期經常與父親進行各種討論，但結果大都不太順利，父親的固執和權威深深困擾著榮格。

對父親最強烈的憐憫侵襲著我，使我困惑。突然之間我明白了，他的職業和生活是一種悲劇……在他和我之間出現了一條深淵，我根本看不到與他溝通的可能。（《榮格自傳》）

一個好父親不僅要在孩子面前樹立應有的權威，更重要的是要學會傾聽和理解孩子，學會與孩子溝通交流。

做一個好母親

還記得那首廣為傳唱的歌謠嗎：「世上祇有媽媽好……」

在這個世界上，母親應該是孩子最親的人。

對我來說，我母親是個十分仁慈的人。她有一種發自內心的動物性的溫暖，飯菜做得美味極了，對人十分友好且生性愉快。她長得很高大壯實，熱心聽別人說話。她也喜歡說話，話匣子一打開，話便像泉水一樣快活地潑濺而流。（《榮格自傳》）

孩子長大後總有一天要獨立生活，作為母親不僅僅祇是關心孩子，還需要承受孩子離開的痛苦。

我離開巴塞爾，對於母親來說是很痛心的一件事；但是我知道這種痛苦也是不可避免的，我母親勇敢地承擔了這一切。（《榮格自傳》）

做一個好母親，讓孩子體會到母愛的無私和珍貴。

如何教育青年人

青年時代是我們逐漸形成世界觀和價值觀的時候，也是我們性格逐漸形成和穩定的時候，這個時候的教育至關重要。

拓寬青年人的視野好像已經成為我們教育的主要目的，但榮格卻提出了不同看法——

我們的現代教育具有病態的片面性。在使青年人的視野朝向廣闊的世界方面，我們無疑是正確的；但如果認為這就使他們能夠完成生活賦予的任務，那就顯然是最大的愚妄。

這樣一種訓練僅僅保證了青年能夠適應外部世界和外部現實，卻絲毫沒有考慮他們同時也需要適應自己的自性、適應心理中那遠遠大於外部世界的力量。（《讓我們重返精神的家園》）

心靈可以賦予一個人勇敢生活的力量，對於青年人來說，心靈的教育似乎要比讓他們瞭解這個世界更為緊迫。

大膽邁出人生的第一步

當我們找到了第一份工作，我們便邁出了踏入社會的第一步。就如同一個剛剛飛出巢穴的雛鳥，迎接我們的將是一片廣袤的天空。但這第一步往往會出現一些問題。

每個人邁出生活的這一步時都會有一些預想——有的時候這種預想是錯誤的。也就是說，它們也許不符合人所投入的環境。這就經常會出現期望過高、低估困難、盲目樂觀或者態度消極的問題。

對青年階段各種問題的起源我們都是完全熟悉的。對於大多數人來說，它是由於生活的要求粗暴地結束了童年的夢想。如果個人做好了充分的準備，那麼向職業生涯的轉變就可能是順利的。但是如果他抱著與現實相矛盾的幻想不放，那就肯定要出現問題了。（《未發現的自我》）

成長的過程勢必會經歷大風大浪和曲折變故，我們不要逃避這些困難和挑戰，不經歷風雨就不會有彩虹。祇要我們做好充分的準備，大膽邁出第一步，即使起初困難重重，最終一定也會柳暗花明、海闊天空。

融入社會

社會是一片廣闊的天空，我們可以在其中找到自己的知己，獲得事業的成功，完成人生的夢想。

一個人若是無法融入社會，他便祇能依賴自己的家庭，就像一隻困在窩裡永遠飛不出去的鳥。

人們需要比家庭更廣闊的社會，家庭的束縛會使人在精神和道德上都受到抑制。如果他對家庭過分依附，如果他在後期生活中對父母依賴太大，他就必然會將父母對他的束縛轉移到他自己的家庭中去（如果他能夠建立家庭的話），因而他就會給後代造成他年輕時所經歷過的、同樣令人窒息的心理氣氛。（《人格的發展》）

榮格明確地告訴了我們一個過分依賴家庭的人是無法獲得幸福的。而投身到社會的懷抱裡並不是讓我們擺脫自己的親人和家庭，是要讓我們學會獨立生活，塑造健康的性格。

成為家庭的永久成員具有一種非常不愉快的心理後果。（《人格的發展》）

而融入社會卻能讓我們清楚地認識到自己扮演的不同角色，不至於沉迷在一種角色中無法自拔。

不要因為害怕社會生活中的艱辛而畏縮不前，不要因為依戀家庭的溫暖而逃避我們在社會中應該盡到的責任和義務。融入社會，我們才能讓自己和下一代獲得幸福。

成人也需要接受教育

當我們離開學校，當我們走上工作崗位，不要以為我們就不需要接受教育了。就像學習一樣，教育也應該伴隨我們一生。

一個人離開學校後，他的教育遠沒有完成，哪怕是他已大學畢業。不僅年輕人需要不斷地接受教育，就是成年人也需要繼續接受教育。（《人格的發展》）

我們在生活裡常常遇到一些無法解決的問題，我們可能會變得不知所措，甚至成為一個「失敗者」。榮格將原因歸於我們缺乏成人教育。

一切生活中遺留下來的複雜問題卻沒有任何答案，統

統留待自己去判斷和解決。無數錯誤和不幸的婚姻，無數對職業的失望者皆是由於缺乏這種成人教育。（《人格的發展》）

成人也需要接受教育，因為每個人不論年齡大小，都會有困惑迷茫的時候，這時候往往很難依靠一己之力渡過難關。

而對待成人的教育方法必然與對待兒童的教育方法不一樣，榮格說過——

最能滿足成人需要的教育方法應該是間接的，而非直接的。即讓他掌握那些能使他得以進行自我教育的心理學知識。（《人格的發展》）

不要以為僅僅解決了生活的基本問題，有了家庭和事業我們就會一帆風順，就不再需要接受教育了。

接受再教育可以幫助我們更清楚地認識世界和認識自己，可以讓我們更堅強地面對挫折和困境。

中年人的精神需求

中年期是人生的重要關頭，這個年齡階段的人往往容易產生所謂的「中年危機」，變得迷茫和空虛。

有些人在這時覺得生活突然失去了目標，因為他們的家庭和事業都已穩固；另一些人則感到沮喪無奈，因為他們並未達到預期的目標。

處在中年期的人在精神上的這些變化都是他們對物質世界的困惑和對精神世界的渴望的表現。

這種精神上的明顯變化一般在人過中年之後出現，可以把它描述為精神流的一種逆反。這種方向的細微變化在表面上幾乎沒有明顯的表現；在大多數人身上，這種變化如同一生中所有重要的事情一樣，僅發生在意識閾之下。

（《人、藝術和文學中的精神》）

榮格告訴人們應該重視中年人的精神需求，應該拓展他們的視野，讓他們重新認識到生活的目標和意義。

年輕的時候，我們就像勤勞的蜜蜂，孜孜不倦，積纍著生活的資本；人到中年，我們或許應該學著做一隻鳥兒，去追尋我們的精神需求。

婚姻需要經營

由戀愛到結婚，新婚的情侶們總是希望能順利完成自己的人生轉變，然而——

這種狀態不會同時出現在兩個配偶身上。即使最好的婚姻也不能排除兩人的差異而達到絕對的同一。（《人格的發展》）

婚姻需要從一開始就悉心經營，因為——

在大多數情況下，其中一個將比另一個更快地適應婚姻關係。一個與其配偶確定了關係的人，幾乎沒有什麼困難去適應對方。而另外的人則會受到與父母深深的無意識聯繫的妨礙而稍後才會適應。由於後者的適應是通過克服各種困難來達到的，因而也將需要更長的時間。（《人格的發展》）

如何面對愛情糾葛

没有愛情的人生不是完整的人生，我們每個人都憧憬著兩個人相濡以沫、白頭到老的幸福結局。可是大部分現實中的情侶或多或少會發生矛盾衝突。

當我們遇到愛情糾葛，往往很難妥善解決，榮格對此從心理學的角度為我們作出了解釋。

你不能責備一般的個人，因為你不能指望人們在現時的理想和習俗的框架內知道他們應該采取的態度，以及怎樣解決他們的愛情糾葛。他們大多數衹知道一些消極的措施，如忽視、拖延、抑制和壓抑等，而想要知道更好一點的措施卻非常困難。（《人格的發展》）

愛情是兩個人的事情，雙方需要共同努力才能獲得幸福。

那麼我們到底應該如何面對愛情生活的風風雨雨呢？榮格告訴了我們一個簡單的方法——

盡可能地看清自己的主觀觀點、特別是自己的錯誤是明智之舉。一個人是如此，其終極真理也是如此，他對別人最大的影響同樣是如此。（《人格的發展》）

旅行的藝術

當我們暫時告別了繁忙的工作和日常的瑣碎生活，一次輕鬆愉悅的旅行必然是我們在閒暇時光的首選。榮格曾遊歷過非洲，非洲大陸的萬千風情讓他十分痴迷和懷念。

我和伙伴們有幸體驗到了什麼是非洲風情，在末日來臨之前它那不可思議的美麗和同樣不可思議的痛苦。

我們的營地生活是我一生中最值得懷戀的經歷之一。我欣賞那依然是原始鄉村一般的「天賜的寧靜」。我也從未如此清楚地看見過「人類與其他動物」在一起……沒有電報，沒有電話，沒有信號，沒有來客。我的自由的心理力量痛快淋漓地傾瀉出來，回歸到了原始的洪荒世界。（《榮格自傳》）

旅行的藝術是一門開闊視野和升華心靈的藝術，不要在乎我們能走多遠。心有多遠，我們的路就有多遠。

繪畫的好處

我們大多數成年人彷彿已經忘記最後一次拿起畫筆是什麼時候了。

繪畫不是兒童幼稚的遊戲，也不是藝術家才有資格獨占的技藝。其實，我們每個人都可以通過繪畫來表達自己的感情。

圖畫中顯示的情感基調實際上就是一種強烈的內心體驗。一個個體如果具備了忠誠自信的品格，這樣的內心體驗將可以使個體的靈魂一步步走向成熟，從而使人格日臻完美。這種內心體驗自古有之，它牢固地奠定了人類忠貞的信仰，也是人類獲取知識的源泉。（《圖畫中的精神世界》，轉引自《西方心理咨詢經典案例集》）

榮格非常強調繪畫對一個人的作用，他說過——

一旦「自性」的象徵在圖畫中以一個完整的人格出現，它與潛意識的交流就已經完成。這種日趨完善的人格將指引不再彷徨的現代人踏上通往人類永恒的精神家園之路。（《圖畫中的精神世界》，轉引自《西方心理咨詢經典案例集》）

也許當我們苦悶和無聊的時候，繪畫會讓我們找到那種久違的精神寄託。拿起畫筆，靈魂便不會孤獨。

遊戲的意義

我們總會在不經意間回憶小時候的故事，那時與小伙伴一起做遊戲的情景似乎還歷歷在目。遊戲的樂趣吸引著我們每一個人，即使我們成年了也一樣。

榮格在人生抑鬱苦悶的階段正是通過遊戲重新找到了創造力，恢復了往日平靜的生活。

我開始收集合適的石頭……開始做一些建築：一些別墅和城堡，整個村落……在這樣的活動中，我的思路得以澄清，我能夠捕獲那些隱隱感覺到的閃現的幻想。

作為成年人，我似乎不可能這樣來溝通現在與過去（十歲的時候）的距離。然而，我希望重建其間的聯繫。我必須回到那種經歷，來再度體驗那孩子的生活……這是我命運中的轉折，但卻是在經歷了無數次的抵抗和放棄之後始能進入的。因為認識到除了遊戲之外別無其他的選擇，也是一種痛苦而羞愧的經驗。（《榮格自傳》）

榮格的建築遊戲不是一種逃避現實的沉迷手段，而是另一種發現自己認識自己的方法。

祇要我們善加利用，遊戲其實也可以變成一種有意義的活動。

練習瑜伽的好處

瑜伽裡許多純屬軀體鍛煉的法子同時也是生理學的修煉方法。它遠比一般所說的體操或呼吸訓練要高妙多了，因為它不僅是機械性的科學，而且也是哲學的。在鍛煉身體各部時，瑜伽統合了心靈與精神全體。（《東洋冥思心理學——從易經到禪》）

在我們的閒暇時間裡，不妨也嘗試進行一些瑜伽練習，不僅可以鍛煉軀體，更重要的是可以陶冶性情。

瑜伽修煉不可思議，不可強求，它也不建立在概念的基礎上面。它以超凡卓越、圓融完美的方式，將軀體與精神熔鑄為一。

我深信在融合身心成為一體方面，瑜伽方法極為完美無缺、恰如其分，這是無可置疑的，這些方法創造了某種精神性質，使得某種超越意識以上的直覺得以呈現。（《東洋冥思心理學——從易經到禪》）

生活需要調節，一些簡單的運動也許就能讓我們保持健康和快樂。

記錄自己的所思所想

生活中，我們時常會冒出一些有趣的想法，時常因為一些獨特的經歷而收獲了新的感悟，而我們往往祇是在心中品味一番便棄這些想法於不顧。

要知道，想要瞭解真實的自己，首先就需要記錄真實的自己。榮格便是一位忠實的自我記錄者。

晚上，我十分自覺地寫著……想把某件事說出來和真正把它說了出來之間是有著鉅大差別的。為了盡可能對我自己忠誠老實，我遵照一句希臘的古老格言「有施於人者才能受之無愧」的教導，把一切都仔細地寫了下來。（《榮格自傳》）

我們過去的日記總會成為我們追尋往事的地圖，也是我們成長改變的見證。

在每天瑣碎的日常生活裡，我們不妨抽出一點時間，記下自己的所思所想，在點點筆墨中留下我們的喜怒哀樂，做自己心靈的記錄者。

隨性生活

有一種人過著這樣的生活：他們做自己喜歡做的事，並不在乎別人的流言蜚語，因為他們認為自己做的事充滿意義；他們或許會有很長一段時間銷聲匿跡，可是一旦人們瞭解他們的所作所為，就必定會認為他們過的是一種充實而快樂的生活。

這就是隨性地生活，榮格為我們更加詳細地描述了這種生活方式。

我還算得到了成功，而且我幾乎能在各方面使自己順應環境。假如整個世界都不贊同我，那對我也毫無影響。我在瑞士有一個不錯的安身之所，可以自我欣賞；假如沒有人欣賞我的書，我自己欣賞它們。我不知道還有什麼比呆在我的圖書館裡更好；如果我在我的書中有所創見，那就妙不可言了。

我從沒有欲望上的麻煩。我確切知道的衹是，衹要我所說或相信的東西不是出自我自己內心，我就會使自己變得神經質。

我看到什麼就說什麼。如果有人贊同，我很高興；如果無人讚同，我無所謂……即使世界上沒有一個人與我觀點相同，我也要我行我素。我唯一希望的是，能告訴大

家一些有趣的思想，讓你們知道我是怎樣對待事物的。（《分析心理學的理論與實踐》）

也許我們應該認真思量一下自己的生活方式，難道按著別人的意思生活就一定適合我們嗎？

關注生活

我們會在生活中看見這樣一種人：他們熱愛生活，活在當下，關心周圍的世界，樂於改變自我。

然而還有另一些人，他們——

從不用他們的大腦——如果能避開的話；還有同樣多的人確實用他們的大腦，但卻是以愚蠢的方式。（《人及其象徵》）

即使是一些精明的人，卻同樣——

生活得彷彿他們從不知道去運用他們的感覺器官：他們看不到眼前的事物，聽不到耳邊的聲音，或注意不到所觸及或品嚐的東西。有些人生活在對他的環境的漠不關心

之中。（《人及其象徵》）

如若我們不懂得關注生活本身，祇知道一味追求金錢或是權力，又怎能體驗到生活賦予我們的一切？

生活就像是一個萬花筒，我們稍稍留意便能發現另一片絢爛的天地，何必要把自己框在小小的一點上呢？

熱愛自然

當我們面對美麗的湖光山色，享受著其中的寧靜和快樂，心靈似乎也得到了啓迪和升華。大自然就像是一位善良溫柔的母親，我們躺在她的懷裡，可以忘卻一切憂愁和煩惱。

在榮格小時候，母親帶他去了一次康斯坦茨湖，就在那時他便決定「一定要一輩子生活在湖邊」。

我不時覺得自己彷彿化入到周圍的風景與物體中，於是我自己便生活在每一棵樹裡，生活在砰嘭作響的波浪裡，生活在雲彩裡和來來去去走動的動物裡，生活在互相交替的四季裡。（《榮格自傳》）

現代人每天在高樓林立的城市中奔波，偶爾也需要在大自然的懷抱裡放鬆自己，回歸到一種更親切、更和諧的環境中。

而對於那些文藝工作者，大自然不僅僅是休息放鬆的地方，更是獲得靈感的地方。榮格就曾描述過——

在波林根，我的四周一片寂靜，最最微小的動靜也可聽得出來，而我則「與大自然淳樸協調」地生活著。在這種情況下，思想便會浮到表面上來，會回溯到千百年前，也會預見到遙遠的將來。在這裡，創造的痛苦緩解了，創造性和遊戲一起變得很接近了。（《榮格自傳》）

能與自然和諧相處，便能獲得自然賦予我們每個人的快樂和創造力。我們無須都去過隱居生活，祇需保留一顆尊重自然和熱愛自然的心，也祇有如此，一個人才能更淳樸快樂地生活。

熱愛藝術 熱愛美

美和藝術能給我們帶來一種終極體驗，能讓我們的心靈得到升華，能讓我們獲得一種奇妙的快樂。

我剛剛睡醒，發現了這光輝燦爛的美景，有一種無法形容的舒適感覺。我看見陽光在樹葉和花叢中閃爍。一切都是那樣的神奇、多彩、美好。（《榮格自傳》）

無論是自然之美，還是藝術之美，都是我們生活中一座神秘的殿堂，身在其中我們可以忘卻世間的煩惱。

藝術就是美，而「美的事物就是永恒的歡樂」，它不需要任何意義，因為意義同藝術沒有任何關係。（《讓我們重返精神的家園》）

我們並不總能解釋美和藝術對我們產生的神奇影響，但這並不重要，重要的是我們懂得熱愛藝術、熱愛美。

尋找自己的生活方式

記得兒時我們都曾滿懷雄心壯志，大喊以後要成為偉大的科學家或畫家。隨著年歲的增長，我們看到了越來越多的選擇，也都漸漸找到了適合自己的生活方式。

我們每個人都是不同的，也就理所當然應該有每個人自己的生活方式，榮格說過：

適合某甲穿的鞋子不一定適合某乙；世界上也沒有所謂可適合於各種情況的生活秘訣。每個人有每個人的個別生活方式——某種不可以他人之方式來代替的方式。（《現代靈魂的自我拯救》）

不一定要模仿他人我們才能獲得成功，不一定要人人都一樣社會才能發展。

尋找屬於自己的生活方式吧，用自己獨特的智慧去尋找幸福的生活。

順其自然

順其自然，不要為了那些無法改變的事情煩惱，不要去追求那些無法企及的目標。

……簡樸而順其自然。你無須預測，但是能夠回顧。世界上並沒有「如何」來生活，我們衹是每天生活著……然而，你似乎很難不變得複雜，很難去做手邊簡單的事情……所以，從你自尊的高峰降下來吧，傾聽自己最基本的感受。這就是你的路。（《榮格書信集》第一卷，轉引自《榮格之道：整合之路》）

其實，我們自己的內心早就已經幫我們鋪平了前方的道路。

多年的經驗告訴我不要預先就知道什麼，也不要知道得太多，而是讓潛意識引導我們，我們的本能已經無數次地企圖駕馭生活的某個階段出現的問題，而從來不對我們造成傷害。這不由地使我們相信一些轉變過程其實很早就已經埋伏在我們的潛意識裡，它衹是在等待著被我們釋放出來。（《圖畫中的精神世界》，轉引自《西方心理咨詢經典案例集》）

忘了那些執著的欲念吧，有些時候，我們需要的衹是順其自然。

適應生活

生活充滿艱辛，是一味逃避還是努力適應？

如果一個人總是試圖使自己完全適應生活的條件，他的力比多就總是被正確和適當地運用。

如果情況相反，力比多就被阻塞並產生回歸的現象。

對適應的要求不能履行，或是神經官能病患者在困難面前畏縮，歸根結底，是每個生物在面臨新的適應要求時表現出來的躊躇不定。（《性與夢——無意識精神分析原理》）

如果我們不能嘗試去適應生活，就會逃回過去，無法成長。

適應生活，不要讓那些不真實的借口控制我們，不要因為逃避而變得越來越軟弱。

保持一顆好奇心

「我正坐在石頭上，這石頭在我下面。」但是這石頭同樣也能說「我」，同樣也能這樣說：「我正躺在這斜坡上，他正坐在我的上面。」於是就有了這樣的問題：「我是那個正坐在石頭上的人呢，還是那塊被他坐著的石頭呢？」這個問題總使我感到茫然，於是我也就站起來，想弄清楚現在到底誰是誰。答案總是模糊的，一種好奇夢幻般的黑暗感伴隨著我的疑慮……我可以在上面坐上幾個小時，幻想著它給我的謎。（《榮格自傳》）

榮格小時候就對世界充滿了好奇心，在他以後的研究生涯中，這種好奇心並未消失，相反卻為他帶來了豐碩的學術果實。

我們常常教導小孩子：「要有好奇心。」可是我們自己的好奇心卻隨著年齡的增長而逐漸減少。

其實好奇心不僅是獲取知識的敲門磚，也可以增加我們的生活樂趣。保持一顆好奇心，你就會發現，生活中原來還有那麼多有趣和未知的東西在等待我們探索。

忙碌的人更快樂

曾有研究表明，快樂的秘訣其實就是讓自己忙碌起來。

如果一個人長期無事可做，那麼祇能在空虛中度日，無法享受生活的酸甜苦辣。

榮格在給妻子的信中曾寫道——

今天的信不得不簡短地寫到此，霍爾夫婦邀請一些人五點鐘來見我們。《波士頓晚報》也采訪了我們，事實上我們是這裡最忙的人。偶爾用這種方式使自己大忙一下還是很有好處的。我已經感覺到我身上的力比多正貪婪地享受著這一點……（《榮格自傳》）

無論是思索一個問題還是動手解決一個問題，都是讓自己忙碌起來的辦法。

那麼就請做些事情吧，讓自己動起來，也許就能擺脫煩悶和苦惱。

國家圖書館出版品預行編目資料

榮格幸福語錄 / 楊雅婷, 楊雅強著. -- 修訂 1 版. -- 新北市：黃山國際出版社有限公司, 2023.12
面； 公分. --（幸福語錄；06）
ISBN 978-986-397-141-2（平裝）
1.CST：榮格（Jung, C. G.（Carl Gustav）,1875-1961） 2.CST：格言

108 112008581

幸福語錄 006
榮格幸福語錄

著 作 楊雅婷 楊雅強
出 版 黃山國際出版社有限公司
220 新北市板橋區縣民大道 3 段 93 巷 30 弄 25 號 1 樓
電話：02-32343788 傳真：02-22234544
E-mail：pftwsdom@ms7.hinet.net
印 刷 百通科技股份有限公司
電話：02-86926066 傳真：02-86926016
總 經 銷 貿騰發賣股份有限公司
新北市 235 中和區立德街 136 號 6 樓
電話：02-82275988 傳真：02-82275989
網址：www.namode.com
版 次 2023 年 12 月修訂 1 版
特 價 新台幣 280 元（缺頁或破損的書，請寄回更換）

ISBN： 978-986-397-141-2